힘없는 자들의 힘

힘없는
자들의 힘

바츨라프 하벨 지음
이원석·서민아 옮김

THE
POWER
OF THE
POWERLESS
václav havel

P 필로소픽

주한체코문화원
CZECH CENTRE

이 책은 1989년 벨벳 혁명을 기념하기 위해 출판된 책이며
주한체코문화원의 지원을 받았습니다.

얀 파토츠카를 기리며

차례

진실의 정치와 도덕적 용기, 우리를 이끌어갈 힘

김민웅(경희대학교 미래문명원 교수)

바츨라프 하벨의 책을 오늘날 한국의 현실에 읽는다는 것은 하나의 역사적 사건이다. 그 까닭은 명료하다. "진실에 대한 용기를 가진 정치"를 그가 몸소 보여주었기 때문이다. 1968년 "프라하의 봄"은 하벨의 몸에서 뿌리를 내리고 자라 냉전의 벽이 허물어진 1989년에 마침내 냉혹한 겨울을 이기고 돌아온 계절이 되었다. "진실의 정치"가 "정치공학의 마키아벨리즘"을 이겨낸 고난의 서사가 여기에 담겨 있다.

정치를 혐오하더라도 혼자 고립되어 살지 않는 한 그 영향권에서 벗어나는 것은 불가능하다. 정치는 어느새, 아니 오랫동안 협잡과 기만, 그리고 저질의 인간사人間事와 다르지 않게 취급받고 있다. 정치가 바로 잡히기를 다들 갈망하면서도 정치는 여전히 술수의 장이 되고 있는 현실은 방치하다시피 한다.

이상을 따르는 운동과 현실을 다루는 정치 사이에 명확한 경계선이 있다는 것이 당연하게 여겨지고, 고매한 인격의 사람은 정치의 탁류에 가까이 하지 않는 게 좋다고들 생각한다.

이런 논리와 구도를 바꿀 끈질긴 실천이 없으면, 정치는 앞으로도 계속 정치공학의 무대로 남게 될 것이다. 하벨은 바로 여기에 도전했고, 그 도전은 그의 용기가 이끌고 그 용기에 마음을 연 이들의 합류가 이루어낸 경이로움이었다.

파시즘의 야만과 스탈린주의에 지배당한 공산주의의 폭력을 모두 경험한 하벨과 그의 세대는 정치가 곧 공포인 시대를 살아냈다. 공포는 권력자들의 무기였고 이 무기는 구호와 군대, 비밀경찰과 언론, 감시와 감옥으로 지탱되었다. 이러면서 체코 시민들은 자아의 이중분열을 겪었고 한나 아렌트가 말했듯이 이웃과 이어지지 못한 허공의 원자로 분해되어갔다.

이 과정에서 가장 중대하게 일어난 사태는 시민들이 자신이 정작 가지고 있는 힘을 알지 못하고 무력화無力化된 존재로 무너져 내리고 있었다는 점이었다. 이런 상황에서 진실은 두려운 것이 되었고 용기는 무모한 도덕의 처지로 굴러 떨어지고 말았다. 바로 이 지점에서 하벨의 정치는 도덕과 한몸이 되어 일어섰다. 공포를 앞세워 인간을 관리하는 정치에 침묵하지 않고, 용기를 가진 도덕의 힘을 발휘하는 것만이 인간을 인간답게 하는 역사를 열 수 있다는 신념의 결과였다.

대통령이 되고 나서도 하벨은 계산과 이윤의 정치에 타협하지 않았다. 현실사회주의가 붕괴한 동유럽 전역에 걸친 신자유주의 체제의 유혹과 압박을 이겨낸 것이다. 이로 인해 그는 예기치 않은 정치적 곤경에 처하기도 했지만 물러서지 않았고 체코 시민들의 의식과 의지를 믿었다. "힘없는 자들의 힘"을 그의 깃발로 삼은 것이었다. 자신의 부패한 중세교회에 반기를 들었다가 화형을 당했던 얀 후스의 역사가 살아 있는 나라의 열매였다.

이원석과 서민아 선생의 소중한 번역으로 우리 앞에 펼쳐진 하벨의《힘없는 자들의 힘》은 우리 사회의 미래에 사상과 윤리적 위력을 발휘할 것이다. 하벨의 "진실의 정치"에 매료되어 만났던 그를 우리말로 다시 만나게 되어 기쁘기 그지없다. 우리 손에 또 하나의 깃발이 펄럭이고 있다.

I

하나의 유령이 동유럽을 떠돌고 있다. 서유럽에서는 이 유령을 가리켜 "반反체제"dissent라 부른다. 이 유령은 난데없이 허공에서 나타난 게 아니다. 이 유령은 그것이 떠돌고 있는 현 체제system가 지금 도달해 있는 역사 단계의 자연적이고 필연적인 귀결이다. 이 유령은 체제에 순응하지 않는다는 이유로 그들의 의사표현을 제거하는 야만적이고 자의적인 권력남용에 기초하여 체제를 유지하는 것이 여러 이유로 힘들게 되었을 때 탄생했다. 더욱이 이 체제는 정치적으로 너무 경직되어서 그 체제의 공식적인 구조 안에서 그러한 불순응이 이행될 수 있도록 할 방법이 없다.

이른바 반체제 인사dissidents란 누구인가? 그들의 관점은 어디에서 연원하며, 어떠한 중요성을 가지고 있는가? "반체제 인사들"이 협력하여 진행하는 "독립적 주도"의 중요성은 무엇이며, 이러한 계획이 성공할 확률은 얼마나 될 것인가? "반체제 인사들"을 그저 반대 세력 정도로 규정하는 것이 과연 적절한가? 만일 그러하다면, 이 체제의 틀 안에서 그 반대는 정확히 무엇을 뜻하며 무엇을 행하는가? 사회 안에서 그것은 어떠한 역할을 수행하는가? 그것의 희망은 무엇이며, 그 희망은 무엇에 기초하고 있는가? 사회와 사회 체제에 영향력을 행사하는 것은 제도권 권력 밖에 놓인 하위 시민subcitizen의 범주로서 "반체제 인사들"의 힘 안에서 가능한 것일까? 그들은 실제로 무언가를 바꿀 수 있는가?

내가 생각하기에 이러한 질문들에 대한 성찰, 즉 "힘없는 자들"의 잠재력에 대한 성찰은 이 힘없는 사람들이 영향을 주고받는 상황 속에서의 힘의 본성에 대한 성찰로만 시작할 수 있다.

II

우리의 체제는 매우 빈번하게 독재 정부로 규정된다. 아니면 더 정확하게는, 사회경제적 차별 철폐 과정을 밟아온 사회 위에 군림하는 정치 관료의 독재 정부로 규정된다. 나는 이 "독재 정부"라는 용어가, 다른 경우라면 [상황을] 이해하기 쉽게 해줌에도 불구하고, 이 체제 안에서는 권력의 참된 본성을 명료하게 하기보다는 오히려 모호하게 만드는 경향이 있다고 염려한다. 우리는 대개 이 용어를 특정 국가의 정부를 폭력force으로 장악한 소수 집단의 개념과 연결 짓는다. 이 소수 집단의 권력은 그들이 휘두를 수 있는 직접적인 권력 기관을 사용하여 공공연하게 행사되며, 이 소수 집단은 그들이 지배하는 [나머지] 다수 집단과 쉽게 구별된다. 독재 정부에 대한 이런 전통적 혹은 고전적 개념의 본질적인 측면 중 하나는 그것이 잠정적이고 찰나적이며 역사적 뿌리가 결여되어 있다고 보는 가정이다. 독재 정부의 존속은 그것을 수립한 이들의 삶에 [긴밀하게] 묶여있는 것처럼 보인다. [독재자가 죽으면, 그 독재자가 지배하던 독재 정부도 같이 무너진다는 뜻이다.] 이러한 독재 정부는 대개 그 범위와 중요성이 제한되며, 그 힘 자체는 그 자신의 정당성을 인정받기 위해 사용하는 특정한 이데올로기와 상관없이 결국 궁극적으로 군인과 경찰의 숫자와 그 무장 세력으로부터 파생된다. 독재 정부의 존속에 대한 주된 위협으로 느껴지는 것은 바로 이런 측면에서 훨씬 더 잘 준비된 누군가가 나타나서 그 정부를 전복할 가능성이다.

이렇게 매우 피상적으로 살펴보더라도 우리가 살아가는 체제가 고전적인 독재 정부와는 공통점이 거의 없다는 점이 분명하게 드러난다. 먼저 우리의 체제는 지역적, 지리적 의미에서 제한받지 않는다. 오히려 그것은 [냉전 체제를 지탱하는] 두 개의 초강대국 중 하나에 의해 통제되는 커다란 권력 블록 a huge power bloc을 지배한다. 그리고 여기에는 매우 자연스럽게도 지역적이고 역사적인 변형이 많이 있지만, 이런 변형의 범위는 근본적으로 권력 블록을 관통하는 하나의 통합적 틀에 의해 제한된다. 독재 정부는 어디에서나 동일한 원리 위에 기초하고 동일한 방식(즉 막강한 지배권력에 의해 진화된 방식) 안에서 구축된다. 그뿐만 아니라 각각의 국가들은 초강대국의 중심에 의해 통제되고, 초강대국의 이익에 전적으로 종속된 조작 도구의 네트워크에 완전히 장악되어 있다. 물론 교착 상태에 있는 핵 균형parity의 세상 속에서 이러한 상황은 고전적인 독재 정부에 비해 가히 전례가 없을 정도의 외부적 안정성을 이 체제에 제공한다. 고립되어 있는 국가 안에서 체제의 변화로 이어질 수도 있을 많은 지역적 위기가 블록 내의 다른 무장 세력에 의한 직접 개입을 통해 해결될 수 있다.

다음으로, 만일 고전적인 독재의 특징이 역사적 뿌리가 없는 것이라 하더라도(그들은 흔히 역사적인 괴물이나 변종, 우연한 사회적 과정이나 인간과 군중이 가진 성향에서 비롯된 우연한 결과에 불과한 것처럼 보인다), 우리 체제도 마찬가지라고 그렇게 안이하게 말할 수는 없다. 왜냐하면 우리의 독재 정부가 자신이 생겨나게 된 사회 운동으로부터 멀어진 지가 오래되었음에도 불구하고, 이러한 운동(나는 19세기의 프롤레타리아와 사회주의 운동을 생각하고 있다)의 진실성은 그 정부에 명백한 역사성을 안겨준다. 이러한 기원이 단단한 기초를 제공하여 현대 사회구조를 이루는 불가분한 일부인, 지금의 완전히 새로운 사회정치적인 실재가 구축될 수 있었다. 그러한 역사적 기원의 한 가지 특징은 바로 이 최초의 움직임이 나타난 시대의 사회적 갈등에 대한 "올바른" 이해였다. 물론 이 "올바른" 이해의 가장 핵심에 이후의 전개에서 특징적으로 나타날 무서운 소외를 향한 발생론적 성향이 내재한다는 사실이 여기에서 본질적인 사항은 아니다. 그리고 어쨌든 간에 이 요소는 또한 당시의 특정한 환경에서 유기적으로 성장했으며, 따라서 거기에서 기원했다고 말할 수 있다.

그 기원의 "올바른" 이해의 한 가지 유산은 우리의 체제를 현대의 다른 독재 정부들과 구별 짓게 만드는 세 번째 특성이다. 그것은 비할 데가 없이 매우 정확하며, 논리적으로 구조화되고, 보편적으로 이해 가능한, 그리고 본질적으로 극도로 유연한 이데올로기를 사용한다. 이 이데올로기는 그 정밀성과 완전성에서 거의 세속 종교라 할 수 있다. 그것은 어떠한 질문에도 즉각적인 답변을 제공한다. 그것을 단지 부분적으로만 수용하는 것은 거의 불가능하며 그것을 수용하게 되면 인간의 삶은 깊은 영향을 받는다. 형이상학적이고 실존적인 확실성이 위기 상황에 놓여있는 시대에, 그리고 사람들이 [오랜 삶의 터전, 즉 고향으로부터] 뿌리 뽑히고, 소외되고, 세상에 대한 의미감을 잃어버리는 시대에 이 이데올로기는 필연적으로 마치 어떤 최면술과도 같은 매력을 가지고 있다. 방황하는 인간에게 그것은 즉각적으로 들어가 살 수 있는 집[고향]을 제공한다. 우리는 그것을 받아들이기만 하면 된다. 그러면 갑자기 모든 것이 다시금 분명해지고, 삶이 새로운 의미를 지니게 되며, 모든 신비, 답변되지 않은 질문, 불안, 그리고 외로움이 사라진다. 하지만 물론 이 집세가 싼 집에 대해 실제로는 비싼 값을 치러야 한다. 그 값은 자기 자신의 이성, 양심, 책임을 포기하는 것인데, 왜냐하면 이성과 양심을 더 높은 권위에 내맡기는 것이야말로 이 이데올로기의 본질적 측면이기 때문이다. 여기에 연결되어 있는 원리는 권력의 중심이 진리의 중심과 동일하다는 것이다. (우리의 경우에 비잔틴 신정神政과의 관계는 직접적이다. 가장 높은 세속적 권위는 가장 높은 영적인 권위와 동일하다.) 이 모든 논의를 제외한다면, 이데올로기가 적어도 우리 블록 안에서는 더 이상 사람들에게 별로 큰 영향력을 가지지 않는다는 게 사실이다. (지배자에 대한 맹목적이고 숙명론적인 존경과 지배자의 모든 요구에 대한 자동적 수용 같은 농노의 심성이 만연한 러시아는 아마도 제외해야 할 것이다. 이 농노의 심성은 전통적으로 인류의 이익보다 제국의 이익을 우선하는 초강대국 애국주의와 결합되어 있다.) 그러나 이것은 중요하지 않은데, 왜냐하면 이데올로기는 원래 그렇기 때문에 우리 체제 안에서 그 역할을 매우 잘 수행한다. (나는 뒤에 이 주제로 다시 돌아올 것이다.)

네 번째로, 전통적인 독재 정부에서 권력을 행사하는 기술은 [자의적인 성격을 띤] 즉흥성이라는 핵심 요소를 가지고 있다. 권력을 휘두르는 기제mechanisms는 대부분 확고하게 정립되어 있지 않고, 우발적이며, 독단적이고 무질서한 권력 행사에 많은 여지를 두고 있다. 사회적, 심리적, 그리고 물리적으로 어떤 형태의 반대를 표현하기 위한 조건은 여전히 존재한다. 요컨대 전체 권력 구조가 안정화되기 전에 분리될 수 있는 이음새가 표면에 많이 있다. 다른 한편으로, 우리 체제는 소비에트 연방공화국에서 60년 이상을, 동유럽에서 거의 30년에 걸쳐 발전해왔다. 더욱이 오랜 시간 동안 만들어진 구조적 특징 가운데 몇 가지는 차르 전제정에서 파생된 것이다. 권력의 물리적 측면에서, 이는 전 인구의 직간접적 조작을 위해 그처럼 복잡하고 잘 발달된 기제를 탄생시켰고, 물리적 힘의 기반으로서 그것은 근본적으로 새로운 것을 대표한다. 이와 동시에 우리로 하여금 그 체제가 모든 생산 수단의 국가 소유와 중앙 관리에 의해 훨씬 더 효과적이라는 것을 잊지 않게 해준다. 이는 권력 구조가 유례가 없고 통제할 수도 없는 능력을 전횡할 수 있게 하며(가령 관료나 경찰 등의 영역에서), 유일한 고용주인 그 구조가 모든 시민의 일상생활을 용이하게 조작할 수 있게 만든다.

마지막으로는, 혁명적 열정, 영웅주의, 희생정신, 과격한 폭력 등의 분위기가 고전적 독재를 특징짓는다면, 이미 이런 분위기의 독재는 소비에트 블록에서 소멸된 지 오래되었다. 소비에트 블록은 더 이상 선진 문명 세계에서 발생하는 일에 초연한 안전 지역이 아니게 되었다. 외려 이와는 반대로 소비에트 블록은 이제 더 넓은 세계의 본질을 이루는 일부가 되었고, 그 세계의 운명을 같이하고, 또한 그 운명을 함께 형성한다. 이는 구체적으로 서방 선진국들의 가치 체계가 우리 사회에도 드러났다는 것이다. (서방과의 오래된 공존의 시간은 그러한 과정을 가속했을 따름이다.) 달리 말하자면 현재 우리가 살아가는 사회는 소비 산업사회의 다른 형태일 뿐이며, 그렇기에 이러한 소비 산업사회에 뒤따르는 사회적, 지성적, 심리적 결과도 발생하는 것이다. 이런 점을 염두에 두지 않고서 우리 체제 속 권력의 본질을 파악할 수 없다.

권력의 본성 측면에서 우리의 체제와 전통적인 독재 체제 사이의 큰 차이가 있기 때문에(나는 어떤 차이가 이러한 피상적인 비교만으로도 분명해지기를 희망한다) 나는 이 에세이에서 사용하기 위해 우리 체제에 적절한 용어를 찾아보았다. 지금부터 그것을 "후기 전체주의 체제"라고 부를 텐데, 나는 이것이 가장 정확한 용어가 아니라는 것을 잘 알지만, 더 좋은 용어가 떠오르지 않는다. "후기"라는 접두사를 보고 우리 체제가 더 이상 전체주의가 아니라는 의미라고 오해하지 않기를 바란다. 오히려 나는 우리 체제가 고전적 독재 체제와는 근본적으로 다르며, 우리가 통상적으로 이해하는 전체주의와도 다른 방식의 전체주의라는 취지로 말하는 것이다.

그러나 지금까지 내가 언급한 상황들은 단지 일단의 조건적 요인들일 뿐이며 후기 전체주의 체제의 실제 권력의 구성 요소를 이해하기 위한 현상적인 틀이다. 그것의 몇몇 측면을 이제부터 살펴보도록 하겠다.

Ⅲ

과일과 야채를 파는 가게 주인은 진열창에 놓인 양파와 당근 사이에 다음과 같은 표어를 내건다. "만국의 노동자여, 연대하라!" 어째서 그는 이런 표어를 내건 것일까? 그가 세상에 전하고자 하는 바는 무엇인가? 그는 진심으로 만국의 노동자들이 단합하기를 염원하는 것일까? 그가 지닌 열정이 너무 커서 자신의 이상을 대중에 알리고 싶은, 제어할 수 없는 충동을 느끼는 것일까? 그러한 단결이 어떻게 이루어질 수 있으며, 또 그것이 어떠한 의미를 지니게 될지 그가 단 한 번이라도 생각해본 적이 있을까?

나는 가게 주인 대다수가 자기들이 내건 표어에 대해 단 한 번도 생각하지 않으며, 그들이 자기 의사를 표현하기 위해 그 표어를 사용하는 게 아니라고 생각하고 있다. 사실 그 포스터는 양파나 홍당무와 함께 상부로부터 우리의 상인에게 배달되어 왔을 뿐이다. 그가 그 포스터를 진열창에 전시하는 것은 그저 여러 해에 걸쳐 줄곧 그리 해왔기 때문이다. 또한 모두가 다 그렇게 하고 있기 때문이다. 그리고 그렇게 해야 하기 때문이다.

만일 그가 그렇게 하지 않겠다고 거부한다면, 곤혹스러운 상황에 처하게 될 수 있다. 진열창에 적절한 장식을 하지 않았다는 명목으로 비판받게 될 수 있다. 나아가 그가 [국가와 사회주의에 대해] 충성하지 않았다는 죄목으로 누군가에게 고발당할 수도 있다. 이는 이른바 "사회와 조화를 이루어" 살아가는 평안한 삶을 보장해주는 많은 과제들 가운데 하나일 따름이다.

분명 이 야채상은 바깥에 전시한 표어의 실제 내용에 대해서 관심이 없다. 그가 그 표어를 진열창에 전시한 것은 개인적으로 대중에게 표어에 담긴 이상을 알려주고 싶어서가 아니다. 물론 그렇다고 하여 그의 행위에 아무런 동기나 의미가 없다는 것도 아니고, 그 표어가 아무에게도 전해주는 내용이 없다는 것 또한 아니다. 그 표어는 실상 하나의 상징이며, 바로 그러한 상징으로서 그 표어는 작지만 분명한 메시지를 담고 있다. 이를 언어화하자면, 다음과 같은 뜻이 된다. "나, 야채상 누구누구는 여기에 살고 있으며, 내가 무엇을 해야 하는지를 알고 있습니다. 나는 나에게 기대되는 바에 따라 행동합니다. 나는 신뢰할 만하고 비난받을 만한 점은 없습니다. 나는 복종하며, 따라서 목숨을 부지할 권리가 있습니다." 물론 이 메시지에는 수취인이 있다. 그 수취인은 윗사람, 즉 그 야채상의 관리자이고, 또한 이 메시지는 야채상이 고발당하는 상황을 막아주는 방패의 역할을 한다. 그 표어의 참된 의미는, 그러므로, 그 야채상의 생존에 깊숙이 뿌리박고 있다. 그것은 그의 가장 중요한 관심사를 반영한다. 그러나 이 중요한 관심사라는 것은 과연 무엇인가?

우리가 여기에서 주의해야 할 점은, 만약 이 야채상이 "나는 두렵다. 그러므로 절대로 복종한다."라는 표어를 진열하도록 지시받았다면, 그는 이 말이 사실일지언정 결코 그 내용에 무심할 수가 없다는 것이다. 야채상은 자신의 수모를 그렇게 명확하게 드러내는 말을 가게 진열창에 전시하는 것에 수치를 느끼고 당황할 것이다. 그도 그럴 것이 그는 하나의 인간이며, 따라서 자기의 존엄성에 대한 의식이 있기 때문이다. 이처럼 복잡한 이유로 인해서 그의 충성심의 표현은 상징으로써만 표현될 수 있으며, 이 상징은 적어도 표면적인 문구상으로는 사심 없는 신념을 나타낸다. 그것은 야채상으로 하여금 이렇게 말할 수 있게 해주어야 한다. "만국의 노동자들의 연대하는 것이 왜 나쁜 건데?" 따라서 이러한 상징은 야채상이 자신의 복종의 밑바닥에 숨겨진 토대, 권력의 밑바닥에 숨겨진 토대를 자기 자신으로부터 숨긴다. 이렇게 함으로써 그들은 좀 더 높이 있는 어떤 대상의 표면적 모습 뒤로, 즉 이데올로기의 뒤로 숨는 것이다.

이데올로기라고 하는 것은 세계에 대해 허울만 그럴듯하게 말하는 법이다. 이데올로기는 인간에게 주체성과 존엄성, 도덕성의 환상을 부여하면서, 또한 동시에 그것들을 포기하기 쉽게 만든다. 이데올로기는 개인을 넘어선 어떤 객관적인 것의 저장

고로서 사람들이 자기 양심을 속이고 그들 자신과 세계로부터 자신의 실제 처지와 수치스러운 삶의 방식을 숨기도록 해준다. 이데올로기는 대단히 실용적이지만, 동시에 천상과 지상의 것들을 위엄을 갖추고 정당화하는 방식이기도 하다. 이데올로기는 인간을 향해, 또한 신을 향해 있다. 이데올로기는 인간이 자신의 타락한 삶, 그들의 하찮음, 그리고 현실 안주 등을 가려주는 베일이다. 이데올로기는 일자리 상실의 공포를 만국의 노동자들의 연대에 대한 위선적인 관심 뒤로 숨기는 야채상으로부터, 권세를 계속 누리고 싶은 사욕을 노동자 계급에 대한 봉사라는 표현으로 위장하는 고위 관리에 이르기까지 누구나 다 활용할 수 있는 핑곗거리다. 따라서 핑곗거리로서 이데올로기의 주요 기능은 후기 전체주의 체제의 희생자이자 [체제를 떠받치는] 기둥인 인간들에게 이 체제가 인간 및 우주의 질서와 부합한다는 착각을 불러일으키게 만드는 것이다.

독재 체제의 규모가 작고 그 체제하의 사회가 근대화로 인한 계층화가 작을수록, 독재자의 의지는 더욱 직접적으로 행사될 수 있다. 달리 말해서 독재자는 이데올로기와 관련된 자기 정당화나 세계에 결부된 복잡한 절차를 피해 적나라한 규율을 적용할 수가 있다. 하지만 권력 구조가 복잡해질수록 그 사회의 계층화는 커져가고, 그 구조가 역사적으로 오래 운영될수록 외부로부터 그 구조에 엮이는 사람들이 많아지며, 또 그만큼 이데올로기적 핑계의 중요성도 커져가는 것이다. 그것은 체제와 사람들 사이에서 서로가 서로에게 접근하게 해주는 일종의 가교 역할을 한다. 이 때문에 후기 전체주의 체제에서 이데올로기가 그렇게 중요한 역할을 하는 것이다. 셀 수 없이 많은 방법으로 체제의 정통성을 보장해주는 복합적인 구성단위와 계급조직 및 간접적인 통제 도구들은 모든 것을 포괄하는 평계 역할을 하는 이데올로기 없이는 생각할 수가 없을 것이다.

IV

후기 전체주의 체제의 목표와 삶의 목표는 전혀 다르다. 삶은 본질적으로 다원성과 독자적 체제를 향해, 다시 말해 자유를 달성하는 방향으로 나아간다. 반면 후기 전체주의 체제는 통일성과 획일성 그리고 규율을 요구한다. 삶은 끊임없이 새롭고 전혀 있을 것 같지 않은 구조를 창조하려고 고투하는 데 반해 후기 전체주의 체제는 삶을 가장 예측 가능한 상태로 만들고자 고투한다. 이 체제의 목표는 체제의 가장 근본적인 특징이 내향성임을 우리에게 알려준다. 다시 말해서 완전히 체제 자체가 되려는 쪽으로 나아간다는 의미이다. 이 말은 체제의 영향력 또한 끊임없이 폭을 넓혀간다는 의미이기도 하다. 이 체제는 사람들이 체제를 위해 봉사하도록 만드는 데 필요한 정도까지만 사람들에게 봉사한다. 이러한 범위를 넘는 것, 즉 사람들이 자기에게 예정된 역할 밖으로 나아가도록 만들 수 있는 것은 체제 자체에 대한 공격으로 간주된다. 이 점에서 체제의 견해는 정확하다. 실상 그러한 위반 사례는 모두 체제에 대한 진정한 거부인 것이다. 따라서 후기 전체주의 체제의 내적 목표는 얼핏 보이는 것처럼 단지 집권층이 권력을 계속 움켜쥐는 것에 있는 게 아니다. 자기보존이라는 사회적 현상은 좀 더 높이 있는 것에 종속된다. 그것은 바로 체제를 움직이는 맹목적인 자동 작용automatism이다. 권력 구조 안에서 인간이 어떠한 위치에 있건 간에 체제는 인간을 인간 자체로서의 가치로 보는 것이 아니라 이러한 자동 작용을 움직이게 해줄 연료로서 본다. 그렇기 때문에 개인의 권력 욕구가 인정될 수 있는 것은 그 방향이 체제의 자동 작용이 나아가는 방향과 부합할 때뿐이다.

체제와 인간 사이에 평계의 다리를 놓아주는 이데올로기는 체제의 목표와 삶의 목표 사이의 거리를 더욱 넓게 만든다. 이데올로기는 체제의 요구가 삶의 요구로부터 비롯되는 것처럼 위장한다. 그것은 현실이라고 간주되고자 고투하는 가식의 세계일 뿐이다.

후기 전체주의 체제는 인간이 가는 곳마다 인간과 접촉한다. 그것은 장갑을 낀 채로 하는 접촉이다. 그렇기에 후기 전체주의 체제에서의 삶은 속속들이 위선과 거짓으로 꽉 차 있다. 관료제 정부가 대중의 정부라 불리고, 노동자 계층이 바로 그 이름으로 노예가 되고, 인간의 완전한 모욕이 인간의 궁극적 해방으로 제시되고, 인간에게서 정보를 빼앗는 것이 정보를 얻도록 해주는 것이라 불리고, 통제를 목적으로 하는 권력 사용이 대중의 권력 행사라 불리고, 자의적 권력 남용이 법의 준수라 불리고, 문화 억압이 문화 발전이라 불리고, 제국주의의 영향력 확장이 억압받는 자에 대한 지지라 불리고, 자유로운 표현의 부재가 최상의 자유 형태가 되고, 어처구니없는 선거가 최고의 민주주의 형태가 되고, 독자적인 사고의 금지가 가장 과학적인 세계관이 되고, 군사 점령이 형제국의 협조가 된다. 이 체제는 그 자신의 거짓말에 포로가 되어 무엇이든지 죄다 거짓말로 만들 수밖에 없다. 이 체제는 과거, 현재, 미래를 거짓되게 만든다. 통계조차도 거짓으로 만든다. 이 체제는 원칙 없는 무소불위의 경찰 기구를 갖추지 않은 척 가장한다. 이 체제는 인권을 존중하는 척 가장한다. 이 체제는 그 누구도 박해하지 않는 척, 아무것도 두려워하지 않는 척 가장한다. 이 체제는 아무것도 가장하지 않는 척 가장한다.

개인들이 이 모든 속임수를 믿을 필요는 없다. 그러나 그들은 그것을 믿는 것처럼 행동해야 한다. 혹은 최소한 그것을 말없이 감내하는 것처럼 해야 한다. 혹은 속임수를 행하는 자들과 문제를 일으키지 않고 지내야 한다. 하지만 바로 이러한 이유로 인해 그들은 거짓 속에서 살아야 한다. 그들이 거짓을 받아들일 필요는 없다. 그저 거짓과 함께 하는 삶, 거짓 속에 있는 삶을 받아들이는 것으로 충분하다. 그렇게 함으로써 그들은 체제를 인정하고 체제를 이룩하고 체제를 만들며 바로 체제 자체가 되는 것이다.

V

우리는 야채상의 표어가 가지는 진정한 의미가 그 표어의 내용
과는 무관하지만, 그 의미는 모두에게 명백하고 이해하기 쉽
다는 것을 이미 보았다. 그것은 주어진 암호가 매우 친숙하기
때문이다. 야채상은 그 체제가 알아들을 수 있도록 충성을 선
언한 것이다. (그의 선언이 받아들여지지 않으면, 그는 다른 아
무 일도 할 수 없다.) 규정에 맞는 관례를 수락하고, 겉면의 모
습을 현실로 수용하며, 게임의 규칙을 받아들이는 것이다. 이
런 수용을 통해 그는 스스로 게임에 끼어들어서 참가자가 된
다. 그리하여 그 게임이 지속되도록, 게임이 존재하도록 허용
하는 것이다.

처음에는 이데올로기가 체제와 개개인으로서의 개인 사이
에 다리 역할을 한다면, 개인이 이 다리에 발을 딛는 순간부터
이데올로기는 체제의 구성원으로서의 개인과 체제 사이의 다
리가 된다. 처음에는 이데올로기가 외부적으로 심리적 명분
구실을 하면서 권력 형성에 도움을 주었다면, 그 명분이 수용
되는 순간부터는 이데올로기가 내부적으로 직접적 구성 요소

로서의 권력을 공고하게 다진다. 권력의 내부에서 관례적인 의사소통 도구의 구실을 하는 것이다.

우리가 앞서 그 물리적 형성 구조에 대해 말한 바 있는 총체적 권력 구조는 모든 구성 요소를 연결하고 그 요소들을 권력의 자기 정당화를 위한 단일한 방식에 종속시키며, 이 모든 요소들의 작용에 게임의 규칙, 즉 한계와 정당성이라는 규정을 부여하는 형이상학적 질서 없이는 존속할 수 없다. 이 형이상학적 질서는 권력 구조 전체를 떠받치는 토대이자 표준이다. 그것은 의사소통 체계를 통합하여 정보와 명령의 내부 교환과 전파를 가능하게 한다. 그것은 마치 교통신호와 표지판의 모음처럼 권력의 작동 과정에 형태와 구조를 제공한다. 이 형이상학적 질서는 전체주의 권력의 내적 구조를 응집 가능하게 해준다. 이 질서는 권력의 접착제이며, 결집원칙이고, 규율의 도구이다. 그 접착제 없이는 전체주의 구조가 분해되어 소멸될 것이며, 그 분자들은 서로 다른 경향과 이해관계로 인해 충돌할 것이다. 전체주의 권력의 피라미드는 그 접착제가 없다면 산산이 분해될 것이다.

권력이 현실이라고 생각하는 이데올로기는 궁극적으로 권력의 이해관계에 종속되어 있다. 그러므로 이데올로기는 자연스럽게 현실로부터 벗어나게 되어 외양의 세계를 창조하고, 의례화하게 된다. 권력 투쟁이 발발할 수 있는 곳에서는 권력에 대한 공개적 통제가 가능하고, 권력이 이데올로기적으로 합법화될 수 있는 이유도 당연히 통제할 수 있다. 그런 상황에서는 이데올로기가 현실로부터 이탈하지 못하도록 하는 완충적 요소가 항상 작동한다. 물론 전체주의 상황에서는 그 완충적 요소들을 볼 수 없다. 그러므로 이데올로기가 현실로부터 멀어지는 것을 막을 수 없다. 또한 이데올로기는 후기 전체주의 체제 안에 유입되어 감에 따라 외양의 세계, 순수한 제의의 세계, 현실과의 의미 있는 접촉이 금지된 형식화된 언어, 현실을 대체한 사이비 현실의 제의적 신호 체계로 점차 변화된다.

동시에 이데올로기가 권력의 중요한 버팀목이 되고 주요 요소가 된다는 것은 두말할 필요도 없다. 정당화의 논리와 내적인 일관성을 제공하는 것이 바로 이데올로기니까 말이다. 이데올로기는 그런 식으로 강화되고 점차 현실에서 벗어나면서 특수한 실질적 힘을 갖게 된다. 이데올로기 자체가 현실이 될 뿐만 아니라 이데올로기가 제의적 능력에 있어서 그 이면에 숨겨진 현실보다 더욱 중요해진다. 현상의 의미는 그 자체에서 나오는 것이 아니라 이데올로기적 맥락에 어떻게 편입되는가에 따라 결정된다. 현실이 이론에 작용하는 것이 아니라 이론이 현실에 작용하는 것이다. 따라서 권력은 현실보다 이데올로기에 따른다. 권력은 이데올로기의 이론에서 그 동력을 얻고, 그러므로 완전히 이에 종속된다. 물론 이는 피할 수 없는 역설적인 결과를 낳는다. 이론, 혹은 이데올로기가 권력을 넘어서서 권력이 이데올로기를 섬기기 시작하는 것이다. 이데올로기가 권력으로부터 권력을 빼앗고, 독재자 자신이 된다. 개인이 이데올로기와 제의를 결정하는 것이 아니라 이데올로기와 제의가 개인을 결정하게 된다.

만일 이데올로기가 권력의 내적 통일성을 보장한다면, 그와 동시에 권력의 연속성 또한 보장하게 된다. 고전적 독재 체제 아래에서는 언제나 권력 승계가 문제였다. 권좌를 노리는 자들은 합당한 정통성을 지니지 못했으므로 결국 권력 투쟁을 하는 수밖에 없었다. 후기 전체주의 체제에서는 매우 간단한 방법으로 이 사람에게서 저 사람으로, 이 지도부에서 저 지도부로, 이 세대에서 저 세대로 권력이 넘어간다. 계승자를 고르는 과정에 새로운 "킹 메이커"가 개입된다. 그것은 제의적인 정당화다. 제의에 의지할 수 있고, 제의를 수행하며 사용하고, 제의를 통해서 위로 올라갈 수 있는 능력을 말한다. 물론 후기 전체주의 체제에서도 권력 투쟁은 존재한다. 대부분의 권력 투쟁은 개방 사회에서보다 훨씬 더 야만적이다. 권력 투쟁이 민주적 규칙을 따라 대중의 통제를 받아 진행되는 공개 투쟁이 아니라 장막에 가려진 비밀 투쟁이기 때문이다. (공산당 제1서기장이 교체될 때 군부 및 보안군이 경계 태세에 들어가지 않은 사례를 찾기는 쉽지 않다.) 하지만 (고전적 독재 체제에서와는 달리) 이런 권력 투쟁으로 말미암아 체제의 본질과 연속성이 위협받지는 않는다. 기껏해야 이 권력 투쟁은 권력 구조에 다소간의 동요를 초래할 수 있을 뿐이다. 하지만 권력의 근원이 되는 이데올로기가 손상되지 않았기 때문에 권력 구조는 신속하게 안정을 되찾는다. 권력 승계자가 누구든 간에 승계 과정 자체는 언제나 눈에 보이지 않으며, 공통된 제의적 틀 안에서 진행된다. 그 과정이 체제를 부정하는 방향으로 진행되는 일은 없다.

이러한 제의적 독재 때문에 권력은 명백하게 익명이 된다. 개인은 제의 속에서 거의 용해된다. 그들은 형식에 휩쓸리며, 빈번히 제의만이 사람들을 어둠 속에서 권력의 빛 속으로 끌고 가는 것처럼 보인다. 개인이 얼굴 없는 사람들, 꼭두각시들, 저 제복을 입은 권력과 제의의 하수인들에 의해 옆으로 밀려나는 것이 바로 후기 전체주의의 특징이 아닌가?

이렇게 비인간화되고 익명화된 상태로 자동적으로 운영되는 권력 구조가 이 체제의 핵심적인 자동 작용의 특징이다. 바로 이 자동 작용의 강제성이야말로 개인적 의지가 결여된 사람들을 권력 구조를 위해 선별하는 것처럼 보이고, 바로 이 공허한 빈 문구의 강제성이야말로 후기 전체주의 체제의 자동 작용을 지속되도록 하는 최선의 보장으로 공허한 문구를 사용하는 사람들을 권력에 소환하는 것처럼 보인다.

서방의 소비에트 연방 연구자들은 후기 전체주의 체제에서의 개인의 역할을 과장하고 집권자들이 아무리 무한한 권력을 가지고 있더라도 체제 자체의 국내법 — 집권자들이 결코 숙고할 수도 없고 숙고하지도 않는 — 을 맹목적으로 집행하는 자에 불과하다는 사실을 간과하는 일이 종종 있다. 어떻든 간에 우리는 이와 같은 자동 작용이 어떤 개인의 의지보다도 더 큰 힘을 갖는다는 사실을 여러 차례 경험했다. 그리고 누군가가 좀 더 독립적인 의지를 가지고 있다 하더라도, 권력층에 진입할 기회를 얻으려면 자신의 의지를 익명의 형식적인 가면 뒤에 숨기지 않으면 안 된다. 또한 그 개인이 마침내 권력 체제 안에 자리를 확보하고 그 안에서 자기 의지를 반영하고자 하는 경우, 이 자동 작용은 그의 자리를 타도하고 결국 권력 구조에 의해 그 개인이 추방되거나 아니면 그가 자신의 개체성을 포기하고 점차 자동 작용과 한데 섞이고 그 노예가 되어 그의 전임자나 후임자와 거의 동일하게 되는 것이다.

따라서 권력 구조의 내적 응집력을 보장해주는 이데올로기는 후기 전체주의 체제에서 물리적인 권력을 초월하는 것이며 아울러 그 연속성까지도 보장해준다고 할 수 있다. 이데올로기는 체제의 외적 안정성을 지켜주는 기둥 중의 하나이다. 그러나 이 기둥은 매우 불안정한 토대 위에 서 있다. 바로 거짓 위에 서 있는 것이다. 그것은 사람들이 거짓 속에서 살려 할 때만 기둥의 역할을 할 수 있다.

VI

왜 우리의 야채상은 자기의 충성심을 진열창에 전시해야 했을까? 이미 그는 여러 가지 은밀하거나 반半 공개적인 방법으로 충성심을 충분히 보여주지 않았던가? 노조 회의에서 그는 항상 의무대로 투표했고, 여러 대회에 항상 참석했다. 그는 선거에서 훌륭한 시민답게 투표했다. 심지어 그는 77헌장Charter 77 (1977년 체코슬로바키아에서 자유파 지식인 257명이 후사크 정권의 인권 탄압을 고발한 인권 선언 ― 옮긴이) 반대 서명도 했다. 이 모든 일을 했는데, 어째서 다시 공개적으로 충성심을 표명해야 한다는 말인가? 그의 가게 앞을 지나는 이들이 걸음을 멈추고 만국의 노동자들로 하여금 연대하라는 야채상의 의견을 읽으려고 할 일도 없을 것이다. 실상 그들은 그 표어를 제대로 읽기는 고사하고, 눈길조차 주는 일도 없을 것이다. 만일 가게 앞에 잠시 걸음을 멈춘 여자에게 그 진열창에서 무엇을 보았는지 물어본다면, 오늘 가게에 토마토가 들어왔는지 말할 수는 있겠지만, 표어의 내용은 놔두고서라도 애초에 표어가 있었는지도 말할 수 없으리라는 것이 확실하다.

야채상이 충성심을 공공연하게 드러내야 한다는 것은 무의미하게 보일지도 모른다. 하지만 실상은 의미가 있다. 사람들은 그가 내건 표어를 무시한다. 하지만 그들이 이를 무시하는 이유는 가게 진열창과 가로등, 게시판과 아파트 창문, 그리고 빌딩 등에서도 볼 수 있기 때문이다. 어디에나 그 표어가 있다. 이 표어는 일상의 파노라마를 구성하는 부분이다. 물론 사람들은 그 내용 자체에 대해서는 무관심하지만, 그럼에도 전체 파노라마에 대해서는 매우 익숙하다. 일상의 그 방대한 배경에서 야채상의 표어는 하나의 작은 원소에 불과할 따름이다.

그렇기 때문에 야채상이 자기 가게 진열창에 표어를 거는 것은 누군가 그 표어를 읽어주거나 그 표어에 설득되기를 기대하기 때문이 아니라 다른 수많은 표어와 함께 모두가 잘 아는 파노라마를 만들려고 하는 것이다. 이 파노라마에는 숨겨진 의미 또한 들어 있다. 사람들에게 그들이 지금 어디서 살며, 그들에게 무엇을 기대하고 있는지 알려주는 것이다. 이 파노라마는 다른 이들이 무엇을 하는지 알려주며, 그들이 소외되는 것을 바라지 않으며 사회로부터 떨어져서 체제의 규칙을 거스르고, 평화와 안정을 잃게 되는 위험을 초래하지 않기 위해 그들이 무엇을 해야 하는지 암시한다.

야채상의 표어를 무시하고 지나가던 여자 또한 한 시간 전에는 자기가 근무하는 사무실의 복도에 비슷한 표어를 내걸었을지도 모른다. 야채상이 그랬듯이 그녀 역시 아무 생각 없이 표어를 내걸었고, 그렇게 할 수 있었던 까닭은 일반적인 파노라마를 배경으로 하는 행위였기 때문에, 그리고 그녀 자신이 그 점을 의식하고 있었기 때문이다. 야채상이 그녀의 사무실을 들렀을 때, 그녀가 그의 표어를 의식하지 못했듯이 그 또한 그녀의 표어를 의식하지 못할 것이다. 하지만 그들의 표어는 서로 기대고 있다. 둘 다 일반적인 파노라마에 대한 의식을 가지고 있고, 강제적 명령을 따라 전시된 것이다. 그럼에도 이 두 표어는 모두 그 파노라마를 만드는 것에 기여하는 것이며, 그렇기에 강제적 명령을 따르는 일에 기여하는 것이다. 야채상과 사무 노동자 모두 자신이 살아가는 현실에 적응했을 뿐이지만, 이렇게 적응하는 가운데 그 현실을 만드는 일을 도와주는 것이다. 그들은 이미 이루어진 일, 이루어져야 하는 일을 수행하는 것이지만, 그렇게 하는 가운데 그 일이 실제로 이루어져야 한다는 것을 확인시켜준다. 그들은 어떠한 특정 요구에 따르고, 그렇게 하는 가운데 스스로 그 요구를 지속시키는 것이다. 형이상학적으로 말하자면, 야채상의 표어가 없다면 사무 노동자의 표어도 없을 것이고, 사무 노동자의 표어가 없다면 야채상의 표어도 없을 것이다. 그들은 각각 무언가 반복되어야 한다는 것을 상대방에게 제안하는 것이고, 각자 상대의 제안을 받아들이는 것이다. 각자 서로의 표어에 대해 무심하다는 것은 환상일 따름이다. 실상은 각자 표어를 내거는 가운데 상대로 하여금 게임의 규칙을 받아들이고 이를 통해서 표어가 요구하는 권력을 인정하도록 강제하는 것이다. 줄여 말하자면, 그들은 각각 서로가 순종하도록 도와주는 셈이다. 둘 다 통제 체제 안에서는 대상이지만, 이와 동시에 통제 체제의 주체이기도 하다. 그들 모두 체제의 희생자인 동시에 체제의 도구인 것이다.

어느 마을 전체가 누구도 읽지 않는 표어로 덮여있다면, 이는 한편으로 마을 서기장이 구역 서기장에게 보내는 메시지인 동시에 다른 한편으로 사회적인 자동적 전체성 원리의 작은 예시이기도 하다. 후기 전체주의 체제의 특징 중 하나는 바로 그 체제가 모든 인간을 자신의 권력 영역 안으로 잡아당긴다는 것이다. 그것은 인간으로서 자기를 실현하도록 도와주는 것이 아니라 체제를 위해 인간적 본질을 포기하도록, 즉 인간을 체제의 자동 작용을 위한 도구로 사용하고 체제의 목표를 위한 하수인으로 만들기 위한 것이다. 그리고 인간이 체제에 대한 공통 책임을 받아들이고, 메피스토펠레스 앞의 파우스트처럼 체제 속으로 휘말려 들게 하려는 것이다. 이게 다가 아니다. 사람을 끌어들임으로써 하나의 일반적 규범을 만들고, 이로써 같은 시민에게 압력을 끼치게 하는 것이다. 그리고 더 나아가 그들이 자기가 연루된 데에 편안함을 느끼고, 그것을 마치 당연하고 피할 수 없는 일인 것처럼 받아들이도록, 여기에 연루되지 않으면 비정상적이고 교만한 것으로, 그들에 대한 공격인 동시에 사회로부터 떨어져 나가는 것을 뜻하는 것으로 받아들이게 하는 것이다. 후기 전체주의 체제는 자기 권력 구조 안에 모든 사람을 끌어들임으로써 모든 이들을 사회의 자동적 전체성의 도구로 만든다.

그런데 야채상뿐만 아니라 총리에 이르기까지 모든 이가 여기에 연루되고 노예가 된다. 권력 체제 안에서 지위가 다르다는 것은 그저 연루되는 정도만 다를 뿐이다. 야채상은 적게 연루된 만큼 적은 권력을 지닌다. 총리는 야채상보다 권력이 크지만, 그만큼 더 깊게 연루되어 있다. 하지만 이 둘 모두 부자유하다는 점에서는 같고, 그저 부자유한 양태만이 다르다. 따라서 여기에 연루된 공범자는 다른 이가 아니라 바로 체제 자체다.

권력 체제 안에서의 지위가 책임과 죄과의 정도를 결정하지만, 그 누구에게도 무한 책임과 무한 죄과를 묻지 않으며, 동시에 그 누구도 전적으로 면제시켜주지 않는다. 그렇기에 인생의 목표와 체제의 목표 사이의 갈등은 사회적으로 분리된 두 공동체 사이의 갈등이 아니다. 또한 어디까지나 일반적 관점에서만 사회를 지배자와 피지배자로 나눌 수 있을 따름이다. 여기에 후기 전체주의 체제와 고전적 독재 체제의 차이가 있다. 고전적 독재 체제에서는 갈등의 선을 사회 계급에 따라 그을 수 있다. 후기 전체주의 체제에서는 이 선이 각 개인들 사이에 있는데, 이는 모두가 체제에 희생되는 동시에 체제를 지탱하고 있기 때문이다. 그렇기에 이 체제라는 말로 우리가 이해하는 바는 하나의 집단이 다른 집단에 덧씌우는 사회 질서가 아니라 사회 전체에 스며든 무엇이며 사회를 이루는 요인이다. 체제를 파악하거나 정의하는 것은 불가능해 보이며(그것은 그저 원칙이라는 속성 속에 있으므로), 사회 전체가 자신의 생존에 중요한 요소라고 표현해주는 그 무엇이다.

따라서 사람이 이 자기 지시적 체제를 만들었고, 매일 만들고 있다는 것은 역사에 대한 어떤 난해한 왜곡으로 일어난 결과도 아니며 궤도를 벗어난 역사도 아니다. 이는 또한 비록 그 이유를 알지는 못하지만 인간을 이렇게 고통 주기로 작정한 어떤 악마의 의지에서 비롯된 산물도 아니다. 그러한 체제가 생겨날 수 있는 것과 그러한 체제가 실제로 생겨나는 것은 오로지 현대의 인간성에 그러한 체제의 탄생을 바라는 경향이나 적어도 그러한 체제를 받아들일 수 있는 인내심이 있기 때문이다. 분명 인간에게는 이러한 체제에 반응하고 또한 수용하는 무언가가 있다. 더 나은 자아의 저항하려는 노력을 마비시키는 무언가가 있다. 인간이 허위 속에서 살아가도록 강요받는 것은 맞지만, 그들이 이렇게 강요받을 수 있는 이유는 어디까지나 그들이 실제로 그렇게 살아갈 수 있기 때문이다. 그렇기에 이 체제가 인간성을 소외시킬 뿐만 아니라, 또한 소외된 인간이 이 체제를 자신의 강제적인 청사진으로 지지하는 것이다.

물론 모든 인간에게는 인생의 본질적인 목표가 있다. 어느 누구에게나 인간성의 정당한 존엄성과 도덕적 고결함과 존재의 자유로운 표현과 실존 세계를 넘어서는 초월의식을 갈망하는 마음이 있다. 그러나 인간은 또한 누구나 다소간의 차이는 있으나 허위 속에서 살아가는 것에 적응할 수 있는 능력 역시 가지고 있다. 모든 사람은 자기의 고유한 인간성의 진부한 속물성과 이익 추구에 굴복한다. 어느 누구에게나 익명의 군중과 섞여 거짓된 삶의 줄기를 따라 흘러가려 하는 측면이 있다. 이것은 단순히 두 개의 정체성 사이에 벌어지는 갈등을 넘어선다. 이것은 그보다 더 심각한 것이며, 정체성 자체에 대한 도전이다.

아주 단순화하여 말하자면, 후기 전체주의 체제는 독재 체제와 소비 사회의 역사적 조우가 만들어낸 기초 위에 세워졌다. 허위 속에 사는 것은 일반적으로 소비 지향적인 사람들이 자신의 정신적, 도덕적 고결성을 위해 어떤 물질적 확실성을 희생하려 하지 않는다는 사실과 관련 있지 않은가? 현대 문명의 하찮은 유혹 앞에서 더 고귀한 가치를 기꺼이 포기한 채, 집단적인 무관심의 매력에 취약하다는 것과 관련되지 않겠는가? 그리고 결국 후기 전체주의 체제에서의 삶이 음울하고 공허하다는 것은 일반적인 현대 생활을 부풀려 그린 만화에 불과한 것은 아닐까? 또한 우리는 사실 서방세계에 대해 일종의 경고로서(비록 외적인 문명화의 척도로는 우리가 훨씬 뒤처지긴 하지만) 서방세계의 잠재적인 경향을 보여주는 것이 아닐까?

VII

이제 우리는 어느 날 야채상의 내면에서 무언가 끊기면서 순전히 남들의 비위를 맞추기 위해 표어를 게시하는 일을 멈추게 되는 상황을 상상해보자. 그는 광대극에 불과한 선거에서 투표하는 일도 그만둔다. 그는 정치회의에서 자기가 진정으로 생각하는 것에 대해 말하기 시작한다. 그는 심지어 자기 양심이 지지하도록 명령하는 사람과의 연대를 표명할 수 있을 만큼 자기가 힘이 있다는 것도 알게 된다. 이렇게 반기를 들 때에 이 야채상은 허위의 삶의 바깥으로 나가게 된다. 그는 형식을 거부하고 게임의 규칙을 거스른다. 그는 억눌려왔던 자기의 본질과 고결함을 재발견한다. 그는 자기 자유에 구체적 의미를 부여한다. 그의 반기는 진리 안에서 살아가고자 하는 시도이다.

  머잖아 청구서가 날아들게 된다. 그는 가게 주인의 자리를 빼앗기고 창고지기로 발령될 것이다. 그의 급여는 줄어들 것이다. 불가리아에서 휴가를 보내려던 그의 바람은 사라져버릴 것이다. 그의 자녀들이 고등교육을 받을 가능성도 위태롭게 될 것이다. 그의 상사들은 그를 괴롭힐 것이고, 그의 동료들은 그를 이상하다는 듯이 쳐다볼 것이다. 그러나 이러한 제재를 가하는 이들 다수는 굳건한 내적 확신을 따라 그렇게 하는 것이 아니라 상황, 즉 야채상으로 하여금 공식적 표어를 내걸게 만들었던 그 동일한 상황으로부터 압력을 받아 그렇게 하는 것이다. 그들이 이 야채상을 괴롭히는 이유는 그들이 그렇게 하도록 되어 있기 때문에, 혹은 자기의 충성심을 보여줘야 하기 때문에, 내지는 단지 이러한 종류의 상황이 어떠한 식으로 다루어져야 하는지, 즉 자기 자신이 혐의를 받지 않기 위해서, 실제로 일이 항상 어떠한 방식으로 처리되어야 하는지를 알고 있는, 그 일반적인 파노라마의 일부로서 그리하고 있는 것이다. 그래서 탄압자들은 근본적으로 다른 사람들과 동일하게 행동하며, 다만 정도의 차이가 있을 따름이다. 즉 후기 전체주의 체제의 구성원으로서, 체제의 자동 작용의 대리자로서, 사회의 자동적 전체성의 유치한 도구로서 행동하는 것이다.

따라서 제재를 가하는 인간들과 체제 속의 이름 없는 성원들을 통해 권력 구조는 야채상을 밖으로 토해낼 것이다. 인간들 사이를 이간질함으로써 체제는 야채상이 반기를 든 것에 대해서 그를 처벌할 것이다. 체제의 자동 작용과 자기방어의 논리가 그리하도록 명령하기 때문에 그리하지 않을 수 없다. 야채상은, 고유의 독특성 안으로 격리된, 단순한 개인적 범법은 저지른 바가 없지만, 이에 비교할 수 없을 정도로 심각한 죄를 지은 것이다. 게임의 규칙을 거스름으로써 그는 게임 자체를 붕괴시켰다. 그것이 단지 게임에 지나지 않음을 드러내 버렸다. 겉으로 드러난 외양의 세계를, 즉 체제의 기초가 되는 기둥을 허물어버린 것이다. 권력 구조를 하나로 묶어주는 중심을 부숴버림으로써 권력 구조를 흔들어버렸다. 거짓을 사는 삶이 거짓을 사는 삶이라고 만천하에 보여주었다. 체제의 당당한 외관을 뚫고 들어가 권력의 참된 기초가 무엇인지를 보여준 것이다. 그는 임금님이 실은 벌거벗었다고 말한 것이다. 진정 임금님이 벌거벗고 있던 게 사실이기에 매우 위험한 일이 벌어졌다. 그는 자기 행동으로 이를 세계에 알린 것이다. 그는 모든 이들이 장막 뒤를 들여다볼 수 있도록 만들었다. 그는 진리 안에서 살아가는 것이 가능하다는 사실을 모든 이들에게 보여주었다. 거짓 속에서 사는 일이 체제를 이룰 수 있는 것은 거짓된 삶이 보편적인 경우에만 가능하다. 거짓된 삶의 원칙이 모든 것을 받아들이고, 어느 곳에나 스며들어야 한다. 거짓된 삶이 진리 속에서 사는 것과 공존할 수 있도록 해주는 조건은 절대 가능하지 않으며, 그러한 선 밖으로 나가는 이는 누구나 그 원칙부터 부인하고 그 전부를 위협하게 된다.

외견을 실재와 대조하여 보지 않는다면, 그것은 외견처럼 보이지 않는다. 거짓 삶을 참된 삶에 대비하여 보지 않는다면, 그 거짓을 드러내는 데에 요구되는 안목은 결여되는 법이다. 그러나 다른 대안이 등장하는 순간, 그것은 외견과 거짓 삶을 근본적으로 위협한다. 그리고 동시에 이 대안이 차지하는 공간이 얼마나 큰지는 전혀 중요하지 않다. 이 대안의 힘은 물리적 성격에 있지 않고, 체제의 기둥과 불안정한 토대에 비추는 빛에 있는 탓이다. 결국 야채상이 체제에 위협이 될 수 있는 이유는 그가 지닌 물리적이거나 현실적인 힘이 아니라 그의 행동이 주변 환경에 빛을 비춰주고, 그러한 빛이 실로 가늠할 수 없을 만큼 큰 결과를 가져올 것이기 때문이다. 따라서 후기 전체주의 체제에서는 진리 속에서 사는 것이 단순히 (인간성을 그 본래적 성격으로 돌이키게 하는) 실존적 차원이나 (현실을 있는 그대로 보여주는) 지적 차원, 내지는 (다른 이들에게 모범이 되는) 윤리적 차원 이상의 차원을 담지한다. 또한 이는 명백한 정치적 차원도 지닌다. 이 체제의 주된 기둥이 거짓 삶이라면, 이에 대한 근본적인 위협은 두말할 것도 없이 참된 삶이다. 바로 이러한 이유로 인해 참된 삶은 다른 그 무엇보다도 더 가혹하게 억압되어야 한다.

후기 전체주의 체제에서는 진리라는 용어가 다른 맥락에서 사용되지 않는 매우 특별한 의미를 지닌다. 이 체제에서는 진리가 권력의 요인 또는 노골적인 정치적 권력이라는 훨씬 더 큰 몫을 감당한다. 진리의 힘은 어떻게 이루어질 수 있는가?

VIII

개인은 자기 안에 소외될 무언가가 있다는 이유만으로도 자기로부터 소외될 수 있다. 개인의 본래적인 실존은 이처럼 쉽게 침해받는다. 그러므로 진실한 삶은 거짓된 삶이라는 구조 속으로 곧장 엮여 들어간다. 거짓된 삶은 억압된 대안으로, 진짜 목표에 대한 가짜 대응이다. 거짓된 삶은 이런 배경에서만 이해될 수 있고, 바로 이 배경 때문에 존재한다. 인간의 질서 안에서 구실을 찾아 기형적으로 뿌리박은 거짓된 삶은, 진리를 따르려는 인간의 성향에 대한 대응에 지나지 않는다. 그러므로 거짓된 삶이라는 잔잔한 수면 아래에는, 진짜 목표들에 둘러싸여 진실을 향해 비밀스레 문을 여는 숨겨진 삶의 영역이 잠들어 있다.

진리 안에서의 삶이라는 특수하고 폭발적이며 막강한 정치적 힘은, 진리 안에서 솔직하게 사는 삶이 비록 분명하게 눈에 보이지는 않지만 모든 곳에 존재하는 협력자가 있다는 사실을 바탕으로 한다. 이러한 삶은 바로 이 영역 안에서 성장하여, 이 영역에 대해 이야기하고, 이 영역 안에서 이해를 구한다. 그리고 바로 이 영역 안에서 장차 의사소통이 이루어질 것이다. 그러나 이 영역은 감추어져 있기 때문에, 권력의 관점에서는 매우 위험하다. 이 안에서는 어둑한 가운데 온갖 동요들이 끊임없이 일어나는데, 마침내 그 동요들이 수면 위로 훤하게 드러나 체제를 충격에 빠뜨릴 때쯤이면, 평소와 같은 방식으로 그것들을 덮기엔 이미 너무 늦어버린다. 그러므로 결국 정권은 혼란에 빠지고 필연적으로 공황상태를 일으키며 부적절하게 반응하는 사태로 이어진다.

가능한 가장 넓은 의미에서 볼 때, 후기 전체주의 체제와 반대편에 있다고 이해할 수 있는 기본적인 환경은 진리 안에서의 삶인 것 같다. 확실히 이들 반대 세력과 권력 사이의 대립은, 개방된 사회나 고전적인 독재 정부의 전형적인 대립 양상과는 기본적으로 다른 형태를 취할 것이다. 처음에 이 대립은 다양한 권력 기관에 의지하는 제도화되고 수량화된 실제 권력 수준이 아닌, 전혀 다른 수준에서 일어난다. 즉 인간의 의식과 양심, 다시 말해 존재론적인 수준에서 대립이 일어나는 것이다. 이 특별한 권력이 유효한 범위는 권력의 신봉자, 유권자, 군인들로는 측정될 수 없다. 이 범위는 사회적 의식의 제5열(국가나 도시 등 큰 공동체 내부에서 형성되어 이곳을 기반으로 은밀히 활동하는 존재로, 주로 사보타주, 간첩 등의 활동을 한다 ― 옮긴이) 안에, 삶의 숨겨진 목표들 안에, 존엄과 기본권을 향한 열망과 진정한 사회정치적 이익 실현에 대한 열망이 억압된 인간들 안에 펼쳐져 있기 때문이다. 그러므로 이 특별한 권력은 확고한 사회정치적 집단의 힘에 있는 것이 아니라, 주로 사회의 공적 권력 구조를 포함해 사회 전체에 숨어 있는 잠재적 힘에 있다. 따라서 이 권력은 그 자체의 병력에 의존하는 것이 아니라, 이를테면 적의 병력에 의존한다. 다시 말해, 거짓 안에 살면서 언제든 (적어도 이론적으로는) 진리의 힘에 공격받을 수 있는 모든 사람(즉 자신의 위치를 보호하려는 본능적인 욕망으로 인해 적어도 그 힘에 순응할 수 있는 사람들)에 의존한다. 이것은 민간인 한 명이 전 사단을 무장 해제시킬 수 있을 정도로 상황이 무르익을 때 이용할 수 있는, 이를테면 세균 전쟁이다. 이 권력은 어떠한 직접적인 투쟁에도 참여하지 않으며, 오히려 존재 자체의 모호한 무대에서 그 영향력을 느끼게 만든다. 그러나 그곳에서 일어나는 숨은 움직임들은 (그 시기와 장소, 상황, 드러나는 정도는 예측하기 어렵지만) 어떤 가시적인 모습으로, 즉 실제 정치 행위나 사건, 사회 운동, 갑자기 폭발한 시민 소요, 획일적인 권력 구조 내에서의 첨예한 대립, 사회적 지적 풍토의 강력한 변화 등으로 드러날 수 있다. 정말 중요한 문제들과 지극히 중대한 사안들은 모두 두껍게 쌓인 거짓 아래에 숨어 있기 때문에, 마지막 지푸라기 한 올이 떨어지는 순간이 언제인지, 그 지푸라기의 정체가 무엇인지는 결코 알 수 없다. 이런 이유에서도 정권은 진리 안에서 살기 위한 가장 조용한 시도조차 예방 차원에서 거의 반사적으로 기소하는 것이다.

솔제니친은 왜 자기 나라에서 추방되었을까? 그가 실질적인 권력 기구를 대표했기 때문이 결코 아니었다. 다시 말해, 정권 대표들이 그가 자신들을 내쫓고 대신 정권을 차지할 거라고 생각해서가 아니었다. 솔제니친이 추방된 이유는 다른 데 있었으니, 두려운 진실을 원천적으로 차단하겠다는 정권의 절박한 시도가 그 이유였다. 사회의식에 엄청난 변화를 일으킬 수 있는 진실, 그 결과 언젠가는 예기치 않은 정치적 와해를 일으킬 수도 있는 진실을 차단하기 위해서 말이다. 따라서 후기 전체주의 체제는 특유의 방식으로 행동했다. 즉 체제를 옹호하기 위해 완전무결한 세계의 외양을 수호하는 것이다. 거짓된 삶에 의해 드러나는 껍데기는 낯선 물질로 만들어지기 때문이다. 사회 전체를 단단히 밀봉해 외부의 출입을 금지하는 한 이 껍데기는 돌로 만들어진 것처럼 보일 것이다. 그러나 누군가 한 부분을 뚫어 "임금님은 벌거벗었다!"라고 외치는 순간 ― 한 개인이 게임의 규칙을 어기는 바람에 그것이 게임이라는 사실이 들통나는 순간 ― 다른 조명 아래에서 순식간에 모든 것이 까발려져, 껍데기 전체가 금방이라도 마구 찢어지고 해체될 화장지로 만들어진 것으로 보일 것이다.

물론 내가 진리 안에서의 삶에 대해 말할 때, 항의서라든가 지식인 집단이 쓴 편지 같은 개념적 사고의 산물만을 염두에 두는 것은 아니다. 지식인이 쓴 편지에서 노동자 파업까지, 록 콘서트에서 학생 시위까지, 말 같지도 않은 선거에서 투표를 거부하는 행위, 공적인 회의에서의 공개적인 발언, 심지어 단식 투쟁에 이르기까지, 한 개인이나 집단이 체제의 조작에 대해 반란을 일으킬 때 사용하는 모든 수단이 진리 안에서의 삶이 될 수 있다. 삶의 목적을 억압하는 과정이 복잡하다면, 그 과정이 삶의 모든 표현에 대한 다각적인 조작을 바탕으로 한다면, 다른 사회 체제에서라면 아무도 폭력은커녕 잠재적인 정치적 의미가 있다고도 여기지 않을 표현 형태를 포함하여 삶의 모든 자유로운 표현은, 같은 이유에서, 후기 전체주의 체제를 간접적으로 그리고 정치적으로 위협한다.

프라하의 봄(1968년 체코슬로바키아에서 일어난 민주자유화 운동. 소련은 이 운동을 막기 위해 군사를 개입하여 불법 무력 침공을 감행했다 ─ 옮긴이)은 보통 실질 권력 수준에서 현행 체제를 유지하려는 집단과 체제를 개혁하려는 집단 사이에서 벌어진 충돌이라고 알려져 있다. 그러나 이 충돌이 본래는 주로 사회의 정신과 양심이라는 극장에서 펼쳐진 장구한 연극의 종막이며 불가피한 결론에 불과하다는 사실은 쉽게 간과되고 있다. 더불어 이 연극의 도입 부분에는 최악의 상황에서도 불구하고 기꺼이 진리 안에서의 삶을 추구하려는 개인들이 있다는 사실도. 이 개인들은 실질 권력에 다가갈 기회도 없었고 그것을 열망하지도 않았다. 그들이 존재하는 진리 안에서의 삶이라는 영역이 반드시 정치적 사고의 영역일 필요는 없었다. 그들은 시인이나 화가, 음악가, 혹은 단지 자신의 인간적 존엄을 유지할 줄 아는 평범한 시민일지도 몰랐다. 오늘날 특정한 행동이나 태도가 정해진 환경에 영향을 미친 때는 언제인지, 어떤 경로를 통해 영향을 미쳤는지 정확하게 짚어내기란 당연히 어려운 일이며, 거짓된 삶이라는 조직 사이로 서서히 퍼져나가 점차 조직을 와해시키는 진실의 바이러스를 추적하는 것 또한 쉽지 않은 일이다. 그러나 한 가지는 분명한 것 같다. 정치 개혁을 향한 시도가 사회를 새롭게 일깨웠다기보다는 차라리 그 일깨움의 최종 결과였다고 말이다.

내가 생각하기에 현재 상황은 이 경험에 비추어 볼 때에 더 잘 이해된다. 1천 명의 77헌장 지지자와 후기 전제추의 체제 사이의 대립은 정치적으로 가망 없어 보일 것이다. 물론 제도권 정치라는 전통적인 렌즈를 통해 이 상황을 본다면 이것은 사실이다. 당연히 이런 제도권 정치에서는 주로 모든 정치적 힘이 실질 권력 수준에서 차지하는 위치와 관련해서 측정되기 때문이다. 그런 관점에서 본다면, 77헌장 지지자들 같은 소수 당에게는 결코 가능성이 없었을 것이다. 그러나 이른바 후기 전체주의 체제에서의 권력에 대해 우리가 알고 있는 배경으로 이 대립을 본다면, 이것은 기본적으로 다른 시각으로 비쳐질 것이다. 77헌장의 등장, 그것의 존재, 그것의 효과가 감추어진 영역 안에서 어떤 영향을 미쳤는지, 77헌장 지지자들이 시민의 자각과 자신감을 다시 불러일으키려는 시도가 어떻게 평가되는지 당분간은 정확하게 말하기 어렵다. 하물며 이 투자가 결국 언제 어떻게 특정한 정치 변화의 형태로 수익을 만들어낼지 예측하기란 더더욱 어렵다. 그렇지만 당연히 이 모든 것은 진리 안에서의 삶의 일부이다. 실존주의적 해결책으로서 이것은 개인을 자신의 정체성이라는 단단한 땅 위로 되돌려 놓으며, 정치적 문제로서 이것은 전부를 얻느냐 잃느냐 하는 운에 좌우되는 게임 속으로 개인을 밀어 넣는다. 그렇기 때문에 이것은 전부를 얻기 위해 전부를 잃는 위험을 감수할 가치를 느끼는 사람들, 오늘날 체코슬로바키아에서는 실질 정치를 펼칠 방법이 전혀 없다는 결론에 이른 사람들에 의해 행해진다. 그런데 둘은 같은 의미이며, 이런 결론은 자신의 인간적 정체성을 정치에 희생하길 꺼리는 사람들, 더 정확하게 말하면 그런 희생을 요구하는 정치를 믿지 않는 사람들만이 내릴 수 있을 것이다.

후기 전체주의 체제가 실질 권력 수준에서의 경쟁적인 대안은 물론이고, 그 자신의 자동 작용인 법과 아무런 관련이 없는 정치 형태를 철저하게 방해할수록, 잠재적인 정치적 위협의 중심은 실존주의적인 영역과 정치 이전 영역으로 더욱 분명하게 이동한다. 진리 안에서의 삶은, 딱히 의식적인 노력 없이도 체제의 자동 작용에 반대하는 모든 활동의 자연스러운 출발지점이다. 그리고 그런 활동들이 궁극적으로 진리 안에서의 삶이라는 영역을 넘어서더라도(즉 그런 활동들이 다양한 병행 조직들, 운동들, 기관들로 발전하고, 정치 행위로 간주되기 시작하

며, 공적 조직에 실질적인 압력을 가하고, 사실상 실질 권력 수준
에서 특정한 영향력을 행사하더라도), 이 활동들은 본래 지니고
있던 명확한 특징을 잃지 않는다. 그러므로 이러한 활동들이
등장하게 된 특별한 배경을 끊임없이 염두에 두지 않으면, 소
위 반체제 운동에 대해 결코 제대로 이해할 수 없을 것이다.

IX

거짓 안에서의 삶이 인간의 정체성을 심각하게 위기로 몰아가고, 이 위기는 다시 그러한 삶을 가능하게 만들어 도덕적인 차원까지 지배한다. 이것은 무엇보다 사회의 심각한 도덕적 위기로 보인다. 소비자의 가치체계에 현혹된 사람, 자신의 정체성이 대중 문명이라는 두꺼운 의복 속으로 사라져버린 사람, 자기 존재에 뿌리가 없는 사람, 개인적인 생존보다 높은 차원에 있는 무엇에 대해 책임감을 느끼지 않는 사람은 도덕적으로 타락한 사람이다. 체제는 이같이 타락한 상황에 의지하고, 그것을 강화하며, 사실상 사회에 그것을 투영한다.

강요된 입장에 대한 인류의 반란으로서 진리 안에서의 삶은 이와 반대로 저마다의 책임감에 대한 통제력을 회복하려는 시도이다. 다시 말해, 진리 안에서의 삶은 명백히 도덕적인 행위로, 이 삶을 위해 아주 비싼 대가를 치러야 하기 때문이기도 하지만 이 삶은 대체로 자기 잇속만 차리는 삶이 아니기 때문이다. 그에 따른 위험을 감수함으로써 전체적인 상황이 개선되는 식으로 보상받을 수도 있지만, 그렇지 않을 수도 있다. 이와 관련하여 앞에서도 이야기했듯이, 이것은 전부 아니면 전무인 도박이며, 합리적인 사람이라면 오늘의 희생이 내일의 보상을, 그저 평범한 감사의 형태일지라도, 가져다줄 거라는 생각으로 그런 과정을 착수할 리 없다. (그런데도 권력의 대표자들은 실리적인 동기 ─ 권력, 명예, 부에 대한 탐욕 ─ 를 거론하며 진리 안에 사는 사람들과 굳이 타협하려 하고, 그리하여 그들을 최소한 자기들 세계에, 보편적인 타락의 세계에 연루하려 한다.)

후기 전체주의 체제에서 진리 안에서의 삶이 독립적이고 대안적인 정치사상의 주된 온상이 된다면, 이런 사상의 특징과 장래성에 관한 모든 고려사항들에는 필연적으로 정치적 현상으로서 이 도덕적 차원이 반영되어야 할 것이다. (그리고 "상부 구조superstructure"의 산물로서 혁명적 마르크스주의자의 도덕에 관한 신념 때문에 우리 친구들이 이런 도덕적 차원의 의의를 충분히 깨닫지 못하고, 어떤 식으로든 그들의 세계관 안에 포함시키지 못한다면, 결국 그들 자신에게 손해가 될 것이다. 이런 상정 하에 이루어진 세계관에 어설프게 충성함으로써 그들은 자신들의 정치적 영향에 대한 메커니즘을 제대로 이해하지 못하게 되고, 따라서 역설적으로 마르크스주의자로서 그들이 다른 사람들에 대해 그토록 자주 의심하는 모습 ─ "허위의식"의 희생자 ─ 과 같아진다.) 후기 전체주의 체제에서 도덕에 대한 매우 특별하고도 정치적인 의의는 현대 정치 역사에서 적어도 특이한 현상으로, ─ 곧 설명하겠지만 ─ 지대한 영향을 미칠 결과를 갖게 될 것이다.

X

1968년 후사크 정권이 출범한 이후 체코슬로바키아에서 가장 중요한 정치적 사건은 77헌장의 등장이었다. 그러나 77헌장이 등장하기까지의 지적 정신적 환경은 직접적인 정치적 사건의 산물은 아니었다. 이 환경은 체코의 록 그룹 "플라스틱 피플 오브 더 유니버스The Plastic People of the Universe(1968년부터 1988년까지 활동한 체코의 록 그룹으로 체코슬로바키아 공산정권에 대항한 프라하 지하문화의 대표주자였다 — 옮긴이)"와 관련된 젊은 음악가들의 실험에 의해 조성된 것이었다. 그들의 실험은 두 개의 상이한 정치 세력이나 정치적 관념 간의 대립이 아니라, 삶에 대한 두 개의 상이한 관념 간의 대립이었다. 한편으로는 후기 전체주의를 확립하려는 메마른 청교도주의가 있었고, 다른 한편으로는 진리 안에서 살면서 좋아하는 음악을 연주하고, 자신의 삶과 관련된 노래를 부르며, 품위를 갖고 협력하면서 자유롭게 사는 것 외에 아무것도 원하지 않는 무명의 젊은이들이 있었다. 이 젊은이들은 정치 활동을 해본 경력이 없었다. 이들은 정치적 야심이 가득한 야당 당원들도, 권력 구조에서 쫓겨난 전 정치인들도 아니었다. 이들에게는 현재 상황에 적응할 기회도, 거짓 안에서의 삶을 위한 원칙을 받아들일 기회도, 따라서 당국의 방해 없이 삶을 즐길 기회도 모두 주어졌었다. 하지만 이들은 다른 방식을 선택하기로 결정했다. 그럼에도 불구하고, 혹은 아마도 바로 그렇기 때문에, 그들의 사례는 아직 희망을 포기하지 않은 모든 이들에게 매우 특별한 충격을 주었다. 더구나 실험이 시작된 당시는 수많은 형태의 저항에 냉담하고 회의적인 태도로 수년을 기다리다 마침내 새로운 분위기가 수면 위로 올라오기 시작한 때였다. 사람들은 "지치느라 지쳐" 있었다. 그들은 경기침체, 무기력, 언젠가는 상황이 나아지리라는 희망에 매달려 죽지 못해 살아야 하는 상황에 신물이 났다. 어떤 면에서 이 실험은 마지막 지푸라기였다. 성향이 다른 많은 그룹들은 그때까지만 해도 서로 고립되어 지내며 협동하길 꺼려하거나, 혹은 협동이 어려운 형태의 활동에 전념하다가, 문득 자유는 나눌 수 없는 것이라는 강한 깨달음을 얻게 되었다. 체코의 언더그라운드 음악 그룹에 대한 공격은 가장 기초적이고 중요한 무엇, 사실상 모든 사람을 결속시키는 무엇에 대한 공격임을 모두가 알고 있었다. 그것은 다름아닌 진리 안에서의 삶이라는 개념에 대한 공격이며 진정한 삶의 목표에 대한 공격이었다. 록 음악을 연주할 자유는 인간적인 자유이며, 따라서 철학적 정치적 성찰과 관련된 자유, 글을쓸 자유, 사회의 다양한 사회정치적 이해관계를 표현하고 옹호할 자유와 본질적으로 같은 자유로 이해되었다. 사람들은 젊은 음악가들과 진정한 연대감을 느끼길 열망했고, 자신들이 창조력을 표현하는 수단이나 삶의 태도가 음악가들의 그것과 아무리 멀리 떨어져 있다 하더라도, 다른 사람의 자유를 지지하지 않는 것은 곧 자신의 자유를 포기하는 것과 같은 의미라는 걸 깨닫게 되었다. (법 앞에서 평등하지 않고는 자유가 있을 수 없으며, 자유가 없이는 법 앞에서 평등할 수 없다. 77헌장은 이런 오래된 생각에 새롭고 독특한 차원을 부여함으로써 현대 체코 역사에 대단히 중요한 영향을 미쳤다. 《68년 Sixty-eight》(이 작품은 체코 정치가이자 작가, 77헌장의 서명자인 페트르 피트하르트Petr Pithart가 슬라데체크 J. Sládeček라는 필명으로 쓴 것이다 ― 옮긴이)의 저자 슬라데체크Sládeček가 어느 훌륭한 분석에서 "배제의 원칙principle of exclusion"이라고 일컬은 것은 오늘날 우리의 모든 도덕적 정치적 고통에 뿌리를 둔다. 이 원칙은 제2차 세계대전이 끝날 무렵 민주당과 공산당의 이상한 공모 속에서 탄생해 최후에 이를 때까지 발전을 거듭했으며, 이후 77헌장에 의해 몇 십 년 만에 처음으로 참패를 당했다. 그리고 이 헌장에 의해 하나로 결속된 모든 사람들은 처음으로 동등한 협력자가 되었다. 77헌장은 단순히 공산당과 비공산당의 연합에 그치는 것이 아니라 ― 역사적으로 새로운 일도 아니었고, 도덕적 정치적 관점에서 볼 때 혁명적인 일도 아니었다 ― 누구에게나 선험적으로 열려 있고 그 안에 있는 누구도 선험적으로 열악한 위치를 배정받지 않는 일종의 공동체다.) 77헌장은 바로 이러한 환경에서 탄생되었다. 한두 개의 무명 록 그룹이 기소된 사건이 그토록 큰 영향을 미칠지 누가 예측할 수 있었겠는가? 내가 생각하기에 77헌장의 기원은 앞에서 제시한 내용을 아주 잘 설명하는 것 같다. 즉, 후기 전체주의 체제에서 점차 정치적 의의를 갖는 운동들의 진정한 배경은 대개 명백히 정치적인 사건들로 이루어지지 않으며, 공개적으로 정치적인 각기 다른 세력들 혹은 개념들 사이의 대립으로 이루어지지도 않는다. 이런 운동들은 대체로 다른 요인에서, "정치 이전"의 훨씬 광범위한 영역, 거짓 안에서의 삶과 진리 안에서의 삶이 대립하는 영역, 즉 후기 전체주의 체제의 요구가 진정한 삶의 목표와 충돌하는 영역에서 비롯한다. 이러한 진정한 목표들은 당연히 많은 중요한 형태를 취할 수 있으며, 때로는 기본적인 물질의 형태로 혹은 개인이나 집단의 사회적 이해관계의 형태로 드러난다. 때로는 특정한 지적 정신적 이해관계의 형태로 드러나기도 한다. 그런가 하면 때로는 존엄한 삶을 살려는 단순한 열망처럼 가장 기본적인 실존주의적 요구로 드러나기도 한다. 그리고 나면 이런 충돌은 어떤 정치적 성격을 얻게 되는데, 그 이유는 의견을 들어주길 요구하는 기본적인 정치적 성격의 목표 때문이 아니다. 그 이유는 후기 전체주의 체제가 기반을 두는 동시에 의존하는 복잡한 조작 시스템을 고려할 때, 단순히 인간의 모든 자유로운 행동이나 표현, 진리 안에서 살기 위한 인간의 모든 시도가 필연적으로 체제에 대한 위협으로, 그리하여 탁월하게 정치적인 무언가로 드러나야 하기 때문이다. "정치 이전"의 배후지에서 성장한 운동들이 결과적으로 정치적 표현이 되는 것은 부차적인 것이다. 그것은 이후의 체제와 대립한 결과 발전하고 성숙하는 것이지, 정치적 프로그램이나 프로젝트, 혹은 자극에서 시작했기 때문이 아니다.

1968년의 사건들은 다시 한번 이 사실을 확인시켜준다. 체제 개혁을 위해 애쓰고 있던 공산주의 정치인들은 그들의 프로그램을 들고나왔는데, 그들이 별안간 무슨 신비한 깨달음을 얻어서가 아니라, 전통적인 의미에서의 정치와 아무런 관련 없는 삶의 영역으로부터 계속해서 점점 무거운 압력을 받는 바람에 그렇게 하지 않을 수 없어서였다. 사실 그들은 사회의 거의 모든 계층이 매일같이 경험했고, 수년 동안 점차 공개적으로 고민해온 사회 갈등(사실상 체제의 목적과 삶의 목적 사이의 갈등이었던)을 해결하기 위해 정치적인 방식으로 노력하고 있었다. 사회 전체에 생생하게 울리는 공명에 힘입어, 학자들과 예술가들은 매우 다양한 방식으로 문제를 정의했고 학생들은 해결책을 요구하고 있었다.

77헌장의 기원 역시 지금까지 내가 언급한 상황들의 도덕적 양상에 대해 정치적으로 특별한 의의를 보여준다. 77헌장은 그처럼 서로 완전히 다른 집단들 간의 강력한 연대의식 없이는, 또한 더 이상 계속 기다리는 건 불가능하다는 깨달음과, 실질적인 제재가 얼마나 확실하든 가까운 미래의 가시적인 성과들이 얼마나 불확실하든 상관없이 모두가 힘을 합해 큰소리로 진실을 외쳐야 한다는 갑작스러운 깨달음 없이는 상상할 수 없었을 것이다. "고통을 감수할 가치가 있는 일들이 있다." 얀 파토츠카 Jan Patočka (체코의 철학자 — 옮긴이)는 죽기 직전에 이렇게 썼다. 기독교 신자들은 이 말을 파토츠카의 유산으로서뿐 아니라 그들이 그 일을 하는 이유에 대한 가장 좋은 설명으로 이해하리라 생각한다.

외부에서 볼 때, 그리고 주로 체제와 그 권력 구조라는 유리한 위치에서 볼 때, 77헌장은 마른하늘에 날벼락처럼 갑작스럽게 들이닥쳤다. 물론 그것은 마른하늘에 날벼락이 아니었지만 그만한 충격을 받았으리라 이해할 수 있다. 77헌장으로 이끈 소요는 "감추어진 영역"에서, 상황을 기록하거나 분석하기 어려운 어두컴컴한 영역에서 일어났기 때문이다. 77헌장의 출현을 예측했을 가능성은 오늘날 그것이 어디로 향할지 예측할 가능성만큼이나 희박했다. 역시나 그 출현은 상당한 충격이었고, 감추어진 영역에 있던 무언가가 거짓 안에서의 삶이라는 죽어가는 표면을 뚫고 갑작스레 튀어나온 전형적인 순간이었다. 외양의 세계에 단단히 갇힐수록, 그와 같은 일이 일어날 때 더욱 놀라게 되는 것이다.

XI

후기 전체주의 체제하의 사회에서는 전통적인 의미의 모든 정치 생활이 사라졌다. 사람들은 정치적인 단체를 조직하는 것은 말할 것도 없고, 공개적인 자리에서 자신을 정치적으로 표현할 기회가 없다. 그 결과들 사이의 공백은 이념적인 형식이 메우고 있다. 그런 상황에서 정치 문제에 대한 사람들의 관심은 자연스럽게 줄어들 수밖에 없으며, 설사 독립적인 정치적 사고가 존재한다 해도 대다수 사람들에게는 일상사와 절망적일 정도로 거리가 먼, 비현실적이고 터무니없으며 제멋대로인 게임으로, 훌륭할지 모르지만 상당히 무의미한 무엇으로 보인다. 그쪽으로 유독 활발하게 향하는 움직임은 무엇이든 정권에 의해 박해받는다는 점을 고려할 때, 한편으로는 완벽하게 이상적이지만 다른 한편으로는 대단히 위험하기 때문이다. 그러나 그런 사회에서조차, 진리 안에서 살기 위한 시도의 일환이기에 소명으로서 정치를 버리지 않는 사람들, 어떻게든 독립적으로 사고하고 자신을 표현하려 애쓰며, 경우에 따라서는 심지어 정치적으로 조직하기 위해 몸부림치는 개인들과 집단들이 존재한다.

이런 사람들이 존재하고 활동한다는 사실은 그 자체로 대단히 중요하고 가치가 있다. 이들은 최악의 시대에서조차 정치적 사고를 지속적으로 지켜나가는 사람들이다. 진정한 정치적 충동이 이런저런 "정치 이전"의 대립으로부터 모습을 드러내 아주 일찍부터 제대로 표현된다면, 그래서 상대적으로 성공할 기회가 많아진다면, 그것은 주로 군대 없이 고립된 장군들 덕분일 것이다. 그들은 제아무리 큰 난관 앞에서도 정치적 사고를 지속적으로 유지해온 사람들인 만큼, 적절한 때가 되면 자신의 정치적 사고라는 결실로 새로운 충동을 강화할 수 있기 때문이다. 거듭 말하지만 체코슬로바키아에는 이 과정에 대한 증거가 무궁무진하다. 1970년대 초반의 거의 모든 정치범들은 완전히 냉담하고 의기소침해진 사회에서 정치적으로 활동하기 위해 돈키호테식 노력을 불사하며 무의미하게 고통받았던 사람들로, 오늘날 당연히도 가장 적극적인 77헌장 지지자들에 속한다. 77헌장에는 그들이 초기에 겪은 희생에 대한 도덕적 유산이 평가되어 있는데, 그들의 희생, 그들의 경험, 그들의 정치적 사고를 이루는 요소들이 이 운동의 가치를 높여왔다.

그러나 내가 보기에 직접적인 정치 활동을 결코 포기하지 않고, 직접적인 정치적 책임을 언제든지 떠맡을 각오가 되어 있는 친구들의 생각과 활동은 한 가지 만성적인 단점 때문에 너무 자주 고통받는 것 같다. 바로 사회정치적 현실로서 후기 전체주의 체제라는, 역사적으로 특이한 현상에 대한 이해가 충분하게 이루어지지 않고 있다는 점이다. 그들은 이 체제 특유의 권력의 특수성을 거의 이해하지 못하고, 따라서 전통적인 의미의 직접적인 정치 활동의 중요성을 과대평가한다. 그뿐 아니라 주로 "정치 이전"의 사건과 과정이 진정한 정치적 변화를 일으키는 살아있는 토양을 제공하는 데도 불구하고, 그에 관한 정치적 의의를 인정하지 않는다. 정치 활동가로서, 아니 더 정확하게 말하면 정치적 야심이 있는 사람들로서 그들은 종종 자연스러운 정치 생활이 중단된 지점으로 다시 돌아가려 애쓴다. 그들은 보다 정상적인 정치적 상황에나 어울렸을 행동 모델을 유지하며, 그리하여 그 사실을 전혀 인식하지 못한 채, 완전히 새롭고 근본적으로 다른 환경에 낡은 사고방식과 습관, 낡은 신념, 범주, 개념 들을 적용한다. 새로운 환경 안에서 그런 요소들이 갖는 의미와 본질에 대해, 현재 그런 정치가 어떤 의미를 갖는지에 대해, 어떤 요인이 어떤 방식으로 정치적 영향과 잠재력을 가질 수 있는지에 대해 먼저 충분히 생각하지 않은 채 말이다. 그런 사람들은 권력 구조에서 배제되어 더 이상 이 구조에 직접적으로 영향을 미칠 수 없기 때문에 (그리고 다소 민주적인 사회 혹은 고전적인 독재정부에 확립되어 있는 전통적인 정치 개념에 여전히 충실하기 때문에), 어떤 면에서 종종 현실감을 잃곤 한다. 그들은 이렇게 말한다. 우리의 제안이 어느 것도 받아들여지지 않을 텐데, 왜 현실과 타협

해야 하는가? 이처럼 그들은 스스로 완벽하게 유토피아적인 사고의 세계에 갇혀 있다.

그러나 내가 앞에서 밝히려 했던 것처럼, 후기 전체주의 체제에서 정말로 지대한 영향을 미치는 정치적 사건들은 민주주의 체제와 같은 원천, 같은 방식으로 드러나지 않는다. 그리고 상당수 대중이 대안적인 정치 모델과 프로그램, 비공개적인 반대 정당 설립에 무관심하고 심지어 회의적이기까지 하다면, 그 이유는 단순히 공적인 문제에 대한 보편적인 냉담함과 더 높은 책임감의 상실 때문만은 아니다. 다시 말해, 그 원인은 단지 보편적인 타락의 결과만은 아닌 것이다. 이런 태도에는 활동에 대한 다소 건전한 사회적 직감도 포함된다. 마치 사람들은 흔히들 하는 말처럼 "보이는 대로 존재하는 것은 더 이상 없다"는 걸, 그러니 이제부터는 전혀 다른 방식으로 활동을 수행해야 한다는 걸 직감하고 있는 것 같다.

최근 소비에트 블록 국가들의 가장 중요한 정치적 충동들 중 일부가 초기에, 즉 실제 권력 수준에서 느껴지기 전에는 정치인들보다 수학자, 철학자, 물리학자, 작가, 역사학자, 일반 노동자들에게서 더 자주 일어났다면, 그리고 다양한 반체제 운동 배후의 추진력이 그처럼 많은 비정치인 전문가들로부터 시작되었다면, 그 이유는 이들이 자신을 주로 정치인으로 여기는 사람들보다 더 똑똑해서가 아니다. 그 이유는 비정치인들은 전통적인 정치적 사고와 정치적 습관에 매이지 않으므로,

역설적으로 진정한 정치적 현실을 더 잘 인식하고, 현재 상황에서 무엇을 할 수 있고 해야 하는지 더 민감하게 알아차리기 때문이다.

그렇지만 달리 방법이 없다. 대안적인 정치 모델이 아무리 훌륭하다 해도, 그것은 더 이상 "감추어진 영역"에 말을 걸 수도 없고, 사람과 사회를 고무할 수도 없으며, 실질적인 정치적 동요를 요구할 수도 없다. 후기 전체주의 체제에서 잠재적인 정치가 자리하는 실제 영역은 어딘가 다른 곳에, 즉 이 체제의 복합적인 요구와 삶의 목적 사이의 지속적이고 고통스러운 긴장 상태에 있다. 이때 삶의 목적이란 인간이 최소한 어느 정도 자기 자신과 조화를 이루며 사는 것, 다시 말해 견딜 만한 방식으로 사는 것, 상사와 관리들에게 굴욕을 당하지 않는 것, 경찰에게 지속적으로 감시당하지 않는 것, 자기 자신을 자유롭게 표현할 수 있는 것, 자신의 창조력을 표현할 수단을 찾는 것, 법적 보장을 누리는 것 등등 인간의 생활에서 기본적인 욕구를 말한다. 이 부분을 구체적으로 건드리는 것은 무엇이든, 이 기본적이고 어디에나 존재하는 생생한 긴장과 관련된 것은 무엇이든 필연적으로 사람들에게 말을 걸게 될 것이다. 이상적인 정치경제적 질서를 위한 관념적인 프로젝트 역시 마찬가지로 사람들의 관심을 끌지 못하는데 — 당연히 그렇겠지만 — 이 프로젝트가 성공할 가능성이 거의 없다는 걸 모두가 알고 있을 뿐 아니라, 오늘날 사람들은 현재의 구체적이고 인간적인 지금 여기에서 덜 정치적인 정책들이 만들어진다는 걸, 관념적인 "언젠가"에 시선을 고정시킬수록 새로운 노예화 방식으로 더 쉽게 타락할 수 있다는 걸 느끼기 때문이다. 후기 전체주의 체제에 사는 사람들에게, 하나 혹은 여러 개의 정당이 정권을 잡고 있는지, 이 정당들이 스스로를 어떻게 정의하고 부르는지에 대한 문제는 인간답게 사는 것이 가능한지에 대한 문제보다 훨씬 덜 중요하다.

전통적인 정치적 범주와 습관의 짐을 덜고 인간 존재가 머무는 세계를 향해 활짝 문을 열기, 그것에 대한 분석을 마친 뒤에야 정치적인 결론을 내리기. 이 방법은 정치적으로 더 현실적일 뿐 아니라, "이상적인 상태"라는 관점에서 볼 때도 정치적으로 더 전망이 밝다. 나중에 다시 설명하겠지만, 진정으로 심오하고 지속적이며 더 나은 변화는 더 이상 궁극적으로 외부적인, 다시 말해 구조적 혹은 체제적인 개념에 불과한, 특정한 전통적 정치 개념의 승리의 결과일 수 없다. (설사 그런 승리가 가능하다 해도.) 이러한 변화는 과거 어느 때보다도 인간 존재로부터, 세계 내 인간의 위치를 기본적으로 재편성하는 것에서부터, 인간이 자기 자신과 타인 그리고 세계와 맺는 관계에서부터 비롯해야 할 것이다. 그리고 더 나은 정치경제적 모델이 만들어지면, 그땐 그 어느 때보다 심오한 실존주의적이고 도덕적인 사회의 변화들에서 비롯해야 할 것이다. 이 변화는 새 차처럼 디자인되어 출시될 수 있는 무엇이 아니다. 이 변화가 오래된 타락의 새로운 변형으로 그치지 않으려면, 무엇보다 변화되는 과정 자체에서 삶이 표현되어야 할 것이다. 더 나은 체제가 저절로 더 나은 삶을 보장하지는 않을 것이다. 사실은 오히려 그 반대다. 더 나은 삶을 창조해야만 더 나은 체제가 발전될 수 있는 것이다.

거듭 말하지만, 나는 정치적 사고와 개념적인 정치 활동의 중요성을 과소평가하는 것이 아니다. 오히려 나는 우리가 계속해서 성취에 실패하는 것이야말로 진정한 정치적 사고이며 진정한 정치 활동이라고 생각한다. 그러나 내가 "진정한"이라고 말할 때, 나는 우리의 환경 안으로 들어온, 결코 되돌아오지 않을 세계의 모든 전통적인 정치 틀에서 벗어난 사고와 개념적 활동을 염두에 둔다. (그리고 설사 그 세계의 귀환이 가능하다 할지라도, 가장 중요한 문제들에 대한 영구적인 해결책을 제공하지는 못할 것이다.)

물론 많은 정치권력 및 기구들과 마찬가지로 제2·제4인터내셔널(제2인터내셔널은 1889년부터 1914년까지 유럽의 노동운동 지도자들에 의해 조직된 국제적인 노동단체이며, 제4인터내셔널은 트로츠키주의 공산주의자들의 국제연대기구로 1938년 파리에서 창립되어 1940년 트로츠키의 암살 이후 쇠퇴했다 — 옮긴이)이 우리의 정치권력 및 기구들의 다양한 노력을 위해 중요한 정치적 지원을 제공할지 모르지만, 어느 것도 우리의 문제를 해결하지는 못한다. 두 조직은 각기 다른 세계에서 작동하며, 각기 다른 환경의 산물이다. 이 조직들의 이론적 개념은 우리에게 흥미 있고 유익하지만, 한 가지는 분명하다. 즉 단순히 이 조직들과 동일시해서는 우리 문제를 해결할 수 없다는 것이다. 또한 민주주의 사회의 정치적 삶을 지배하는 토론 환경 안에 우리 활동을 배치하려는 우리나라의 시도는 매우 어리석게 보인다. 예를 들어, 우리가 체제를 바꾸길 바라는지 혹은 단지 개혁만을 바라는지에 대해 진지한 대화가 가능할까? 당분간 우리는 둘 중 어떤 목표도 결코 달성할 수 없기 때문에, 우리가 살고 있는 환경에서 이런 문제는 다분히 허위적이다. 우리는 개혁이 끝나고 변화가 시작되는 지점이 어디인지조차 분명히 알지 못한다. 우리는 수많은 혹독한 경험을 통해, 개혁도 변화도 그 자체로는 아무것도 보장하지 않는다는 걸 잘 알고 있다. 특정한 정책 원칙에 비추어 볼 때, 우리가 살고 있는 이 체제가 변화되어 보이든 개혁되어 보이든 결국 우리에게는 매한가지라는 걸 우리는 잘 알고 있다. 우리의 관심은 우리가 그런 체제에서 품위 있게 살 수 있는지에 대한 것이며, 사람이 체제에 봉사하는 것이 아니라 체제가 사람에게 봉사하는지에 대한 것이다. 우리는 이용 가능한 수단과 이용이 타당한 수단을 동원하여 이것을 이루기 위해 몸부림치고 있다. 평범한 정치 체제에 살면서 그 체제에 익숙한 서양의 저널리스트들은 우리의 접근 방식이 지나치게 법률주의적이거나, 지나치게 위험하거나, 수정주의적이거나, 반혁명적이거나, 부르주아적이거나, 공산주의적이거나, 혹은 지나치게 우파적이거나 좌파적이라고 말할지 모른다. 그러나 우리는 이런 말들에 조금도 관심이 없다.

XII

주로 전혀 다른 환경에서 우리 환경으로 유입된 바람에 끊임 없이 혼란의 원인이 되는 개념이 하나 있는데, 바로 반대파 opposition라는 개념이다. 후기 전체주의 체제에서 반대파란 정확히 무엇일까?

전통적인 의회제도로 작동하는 민주주의 사회에서 정치적 반대파는, 정부의 일부가 아닌 실제 권력 수준에서의 정치 세력(대개 야당 혹은 야당 연합)으로 이해된다. 반대파는 대안적인 정치 프로그램을 제공하고, 통치하고자 하는 야심이 있으며, 국가의 정치 생활에 자연스러운 요소로서 집권 정부에게 인정과 존중을 받는다. 또한 반대파는 정치적 수단으로 광범위하게 영향력을 미치려 하고, 합의된 법적 규정을 바탕으로 권력을 두고 경쟁한다.

이런 형태의 반대파 외에, "국회 외부에서 활동하는 반대파"라는 현상도 있다. 이런 반대파 역시 실제 권력 수준에서 어느 정도 조직된 세력들로 이루어지지만, 체제가 만든 규칙 외부에서 작동하고, 체제 내에서 흔히 사용하는 수단 외에 다른 수단을 이용한다.

고전적인 독재국가에서 "반대파"라는 용어는 대안적인 정치 프로그램도 같이 제시하는 정치 세력을 의미하는 것으로 이해된다. 그들은 합법적으로 혹은 합법성의 외부 한계에서 작동하지만, 어쨌든 합의된 규정의 한계 내에 있는 권력과 경쟁할 수는 없다. 즉 "반대파"라는 용어는 통치 권력과 격렬하게 대립할 준비가 되어 있는 세력들, 혹은 다양한 종류의 게릴라 집단이나 독립운동처럼 스스로 이미 대립할 상태를 갖추었다고 생각하는 세력들에게 적용할 수 있을 것 같다.

그런데 후기 전체주의 체제의 반대파는 이런 의미들 가운데 어디에도 존재하지 않는다. 그렇다면 이 용어는 어떤 식으로 사용될 수 있을까?

1. 간혹 "반대파"라는 용어는 서양 저널리스트들에 의해 고위 당국자들과 숨은 갈등상태에 있는 권력 구조 내부의 개인이나 집단에게 주로 적용된다. 이 갈등의 원인은 개념상의 성격에서 오는 특정한 차이들(당연히 별로 현저하지 않은 차이들) 때문일 수도 있지만, 단순히 권력에 대한 갈망 혹은 권력의 대표자들에 대한 개인적인 반감인 경우가 더 많다.

2. 여기에서 반대파는 앞에서 언급한 의미의 간접적인 정치적 영향력을 미치거나 미칠 수 있는 모든 것으로도 이해될 수

있다. 다시 말해, 후기 전체주의 체제가 위협받는다고 느끼는 모든 것, 그리고 실제로 위협받는 모든 것을 의미한다. 이런 의미에서 반대파란 상점의 창문에 구호 내걸기를 거부하는 야채상으로부터 자유롭게 쓴 시에 이르기까지, 진리 안에서 살기 위한 모든 것이다. 다시 말해, 체제의 목표가 정해놓은 한계를 벗어난 모든 진정한 삶의 목표들이다.

3. 그러나 대개 자신들의 반항적 태도와 비판적 의견을 공공연하게 밝히는 사람들, 자신들의 독립적인 생각을 비밀로 하지 않는 사람들, 스스로를 어느 정도 정치 세력이라고 간주하는 사람들로 이루어진 집단으로 반대파를 이해하는 경우가 더 많다. (역시나 주로 서양의 저널리스트들이 그렇다.) 이런 의미에서 반대파의 의미는 반체제 개념과 어느 정도 겹쳐진다. 물론 그 명칭이 받아들여지거나 거부되는 정도에는 큰 차이가 있지만 말이다. 이것은 이들이 자신의 권력을 직접적인 정치적 힘으로 이해하는 정도와, 이들이 실질 권력에 참여하려는 야망이 있는지 여부에 달려 있을 뿐 아니라, 그들 각자가 반대파의 개념을 어떻게 이해하는지에도 달려 있다.

이 문제에 대해 이번에도 한 가지 예를 들겠다. 77헌장 선언문 원본을 보면, 77헌장은 대안적인 정치 프로그램을 제시할 의도가 없으므로 반대파가 아니라고 강조했다. 그러한 프로그램을 제시하기 않았기 때문에 77헌장은 그 임무를 전혀 다른 무엇으로 보는 것이다. 대안적인 프로그램 제시를 후기 전체주의 체제에서 반대파의 특징이라고 정의한다면, 사실상 77헌장은 반대파로 간주될 수 없을 것이다.

그러나 체코슬로바키아 정부는 77헌장을 애초부터 명백히 반대파와 관련된 것으로 간주하고 그렇게 취급해왔다. 이것은 정부가 "반대파"라는 용어를 위의 2번 항목에서 정의한 내용으로 어느 정도 이해하고 있다는 의미이다. 그리고 이것은 지극히 당연하다. 다시 말해, 정부는 완전한 조작을 어떻게든 피하려는 모든 것, 그러므로 체제가 개인에게 절대적인 권리를 갖고 있다는 원칙을 부인하는 모든 것을 반대파의 의미로 이해한다.

우리가 반대파에 대해 이 같은 정의를 받아들인다면, 당연히 우리는 정부와 마찬가지로 77헌장을 진정한 반대파로 간주해야 할 것이다. 77헌장은 거짓과 함께 하는 삶이라는 보편성 위에 세워진 후기 전체주의 권력의 완전무결함에 진지한 도전을 제기하기 때문이다. 그러나 77헌장의 서명자 개개인이 스스로를 얼마만큼 반대파로 여기는지 생각할 때, 이것은 다른 문제다. 나는 "반대파"라는 용어가 민주주의 사회(혹은 고전적인 독재국가)에서 확립되었으므로, 대부분의 사람들은 전통적인 의미에서 이 용어를 이해하는 게 아닌가 하는 인상을 받는다. 그러므로 심지어 체코슬로바키아에서조차 그들은 반대파에 대해, 정부가 존중하는 특정한 규칙의 틀 안에서는 말할 것도 없고 실제 권력 수준에서도 활동하지 않지만 그럼에도 여전히 실제 권력에 참여할 기회를 거부하지는 않는, 정치적으로 규정된 세력이라고 이해한다. 이 반대파는 어떤 면에서 대안적인 정치적 프로그램을 가지고 있고, 그 지지자들은 이 프로그램에 대해 직접적인 정치적 책임을 수용할 준비가 되어 있기 때문이다. 반대파에 대한 이런 개념을 고려할 때, 어떤 (상당수) 77헌장 지지자들은 이런 식으로 자신들을 보지 않는다. 다른 (소수) 지지자들은 77헌장 내에서 이런 의미의 "반대파" 활동을 할 여지가 없다는 사실을 충분히 존중하지만, 그럼에도 불구하고 자신들을 이런 식으로 본다. 그러나 동시에 아마도 모든 77헌장 지지자들은 후기 전체주의 체제 내 상황이라는 특수한 성격에 충분히 익숙해, 이것이 특유의 정치권력을 지닌 인권 투쟁일 뿐 아니라 비교할 수 없을 만큼 "결백한" 활동임을 인식하기 때문에, 그들을 반대파의 측면으로 이해할 수 있다. 이런 의미에서 77헌장 지지자들 누구도 실제로 자신들이 반대파로 간주되는 것에 이의를 제기할 수 없을 것이다.

그러나 문제를 상당히 복잡하게 만드는 또 다른 상황이 있다. 수십 년 동안 소비에트 블록을 다스린 권력은 기소장 중에 가장 죄질이 불량한 부류에 "반대파"라는 꼬리표를 붙여 "적"이라는 단어와 동의어로 사용하곤 했다. 누군가를 "반대파에 속하는 사람"이라고 낙인찍는 것은 그가 정부를 전복하여 사회주의를 끝장내려 한다고(제국주의자들에게 고용된 것은 물론이다) 말하는 것과 같다. 이렇게 한 번 낙인이 찍히면 곧장 교수대로 향하던 시절이 있었는데, 이런 상황은 당연히 사람들에게 그 같은 낙인이 찍힐 용기를 잃게 만든다. 더구나 이것은 하나의 단어일 뿐이며, 그들의 행동에 낙인이 찍히는 것보다 그들의 실제 행위가 더 중요하다.

많은 사람들이 이 용어를 거부하는 마지막 이유는 "반대파"라는 개념에 뭔가 부정적인 느낌이 있기 때문이다. 스스로를 반대파라고 정의하는 사람들은 선험적으로 정해진 "위치"와 관련하여 그렇게 행동한다. 다시 말해, 그들은 특히 자신을 사회를 지배하는 권력과 관련짓고, 정권의 위치에서 자기 위치를 찾음으로써 스스로를 정의한다. 단지 진리 안에서 살고, 자신의 생각을 큰 소리로 말하고, 동료 시민들과의 연대를 표현하고, 자신이 원하는 대로 창조하고, 그저 더 나은 자신과 조화를 이루며 살기로 결심한 사람들에게, 자신의 긍정적인 본래 위치를 뭔가 다른 측면에서 부정적으로 정의하도록 요구받는 느낌, 있는 그대로의 자기 모습이 아닌 기본적으로 무언가에 반대하는 사람으로 스스로를 생각하도록 요구받는 느낌을 갖는 것은 당연히 유쾌하지 못하다.

오해를 피하기 위한 한 가지 확실한 방법은 "반대파"와 "반대파에 속하는 사람"이라는 용어가 어떤 의미에서 사용되고 있고, 우리의 환경에서 실제로 어떻게 이해되고 있는지 — 누군가 이 용어들을 사용하기 전에 — 분명하게 말하는 것이다.

XIII

"반대파"라는 용어가 아주 다른 환경에서 어떤 의미를 갖는지에 대해 일반적인 합의를 거치지 않은 채, 민주주의 사회에서 후기 전체주의 체제 안으로 유입되었다면, "반체제"라는 용어는 반대로 서양의 저널리스트들에 의해 채택되어, 지금은 민주주의 사회에서는 거의 발견되지 않는 후기 전체주의 체제 특유의 현상에 대한 꼬리표로 일반적으로 받아들여지고 있다.

그렇다면 "반체제 인사들"은 누구인가?

이 용어는 진리 안에서 살기로 결심한, 더불어 아래의 기준에 부합하는 소비에트 블록 시민들에게 주로 적용되는 것 같다.

1. 그들은 자신의 불복종 입장과 비판적인 의견을 매우 엄격한 한계 내에서 가능한 공개적이고 체계적으로 표현하며, 그럼으로써 서구에 자신들의 존재를 알린다.

2. 본국에서는 출판이 불가능하고, 정부에 의해 가능한 모든 형태의 박해가 가해지는 데도 불구하고, 그들은 자신들의 태

도에 의해 대중은 물론이고 정부로부터 어느 정도 존경받고 있다. 따라서 실제로는 나름의 환경 안에서 매우 제한적이고도 아주 희한한 수준에서 간접적으로 실질적인 권력을 누린다. 이 권력은 최악의 박해로부터 그들을 보호하거나, 그들이 박해를 받을 경우 적어도 정부에게는 문젯거리가 되도록 할 것이다.

3. 그들의 정치적 관심과 헌신의 지평은 당면한 환경의 맥락, 혹은 보다 일반적인 대의를 수용하기 위한 특별한 관심이라는 좁은 맥락을 넘어선다. 그러므로 그들이 자신들을 직접적인 정치 세력으로 생각하는 정도는 저마다 크게 다를 수 있지만, 그럼에도 불구하고 그들의 활동은 사실상 정치적이다.

4. 그들은 지적인 추구에 마음이 기우는 사람들이다. 다시 말해, 그들은 "글을 쓰는" 사람들이고, 글로 표현된 언어가 그들이 이용할 수 있는, 특히 해외의 주목을 받을 수 있는 주된, 그리고 종종 유일한 정치적 수단인 사람들이다. 그들이 진리 안에서 살기 위해 추구하는 다른 방법들은 생소한 지역 환경에 있는 해외 관찰자에게 전달되지 못할 것이다. 아니면 그 방법들이 그 지역적 틀을 넘어 전달된다 하더라도, 글로 쓰인 수단에 비해 다소 덜 눈에 띄는 보조 수단 정도로만 보일 것이다.

5. 서구에서 이 사람들은 그들이 실제로 종사하는 직업적 측면보다는, 자기 직업과 관계없이 헌신적인 시민으로서의 활동 측면에서, 혹은 그들 작업의 비판적 정치적 모습의 측면에서 더 자주 언급된다. 개인적인 경험을 통해, 나는 이런 작가들이 넘게 되는 보이지 않는 선이 있다고 생각한다. 넘고 싶지 않더라도, 심지어 선의 존재를 인식하지 않더라도 말이다. 그 선을 넘으면, 사람들은 더 이상 그들을 어쩌다 나라 일에 관심을 갖게 된 작가로 대하지 않을 것이며, 거의 부수적으로 (아마도 남는 시간에?) 어쩌다 희곡도 쓰는 "반체제 인사"라고 말하게 될 것이다.

당연히 위의 모든 기준에 부합하는 사람들이 있다. 논란의 여지가 있다면, 본질적으로 아주 우연히 그렇게 규정된 그룹에게 특별한 용어를 사용해야 하는지, 특히 그들이 "반체제 인사"로 불려야 하는지 여부이다. 하지만 현재 그렇게 불리고 있고, 그것에 대해 우리가 할 수 있는 일은 아무것도 없다. 이따금 원활한 의사소통을 위해 심지어 우리 자신에게도 이 명칭을 사용한다. 다소 아이러니하게도 거의 매번 인용 부호를 첨부해가며 마지못해 사용하지만 말이다.

이제 "반체제 인사들"이 자신들이 이런 식으로 언급되는 걸 썩 달갑게 여기지 않는 이유들 중 몇 가지를 간단하게 설명하는 것이 좋겠다. 우선, 이 용어는 어원적 관점에서 문제가 있다. 언론에서 말하는 "반체제 인사"는 "변절자" 혹은 "배교자" 같은 걸 의미한다. 그러나 반체제 인사들은 대개 아무것도 부인하거나 거부하지 않는다는 단순한 이유에서 자신들을 변절자로 여기지 않는다. 오히려 그들은 한 인간으로서 자신의 정체성을 확인하려 애써왔으며, 혹시 무언가를 거부했다면, 그들 삶에서 소외감을 느끼게 하는 거짓된 무엇, 다시 말해 거짓 안에서의 삶이라는 양상일 것이다.

하지만 이것이 가장 중요한 이유라고는 할 수 없다. "반체제 인사"라는 용어는 마치 일반적인 직업과 마찬가지로 특정한 상황에 대해 불평하는 특별한 직업이 따로 있기라도 한 것처럼, 일종의 특별한 전문직 같은 인상을 풍긴다. 그러나 사실상 "반체제 인사"는 단지 물리학자, 사회학자, 노동자, 시인, 그래야 한다고 느끼는 대로 행동하고 그 결과 정권과 공개적으로 충돌하는 개인들에 불과하다. 이런 충돌은 그들 쪽에서 어떤 의식적인 의도에 의해 일어나는 것이 아니라, 단지 생각이나 행동 혹은 작업을 하면서 갖게 되는 내면의 논리에 의해 일어난다. (대체로 그들의 통제를 다소 벗어나는 외부 환경과 직면할 때.) 다시 말해, 그들은 재단사나 대장장이가 되기로 결심하듯 전문적인 불평분자가 되기로 의식적으로 결정한 것이 아니다.

물론 사실상 그들은 실제로 "반체제 인사"가 된 지 한참 후에야 자신들이 반체제 인사임을 발견하게 되는 게 보통이다. "반체제 인사"는 직함이나 명성에 대한 열망과는 전혀 다른 동기에서 출발한다. 요컨대 그들은 "반체제 인사"가 되기로 결심하지 않는다. 체제에 반대하기 위해 하루 24시간을 바쳤다 해도, 이것은 여전히 직업이 아니라 주로 실존주의적 태도였을 것이다. 더구나 이 태도는 결코 앞에서 언급한 것처럼 어쩌다 보니 우연히 외적인 조건들을 충족시켰다는 이유만으로 "반체제 인사"라는 직함을 얻은 사람들의 전유물이 결코 아니다. 진리 안에서 살기 위해 노력하는 수천 명의 익명의 사람들이 있다. 아마도 자신이 살고 있는 환경 안에서 그런 노력을 하려면 이미 첫발을 내디딘 사람들보다 열 배의 용기가 필요하기 때문에, 노력을 하고 싶지만 할 수 없는 수백만 명의 사람들이 있다. 이 모든 사람들 가운데에서 무작위로 몇십 명을 선택해 특별한 범주에 넣는다면, 전체 그림이 완전히 왜곡될 수 있다. 왜곡은 두 가지 방법으로 가능하다. 하나는 "반체제 인사들"은 유명 인사들로 이루어진 집단이라고, 다른 사람들에게는 허용되지 않는 일들이 허용되고, 심지어 정부가 자신의 관대함을 보여주기 위해 살아 있는 증거로 키울 수도 있는 보호받는 부류라고 제시하는 것이다. 또 하나는 불평분자들은 소수에 불과하며 실제로 크게 처벌이 가해지지 않는다, 나머지는 모두 만족하며, 만족하지 않았다면 나머지 사람들 역시 "반체제 인사"가 되었을 거라는 착각에 힘을 싣는 것이다.

그러나 이게 전부가 아니다. 이런 식의 범주화는 또한 "반체제 인사들"의 주된 관심사는 집단으로서 그들이 공유하는 기득권이라는 인상을 본의 아니게 뒷받침한다. 마치 정부와 벌이는 모든 논쟁은 대립하는 두 집단 간의 다소 난해한 갈등, 사회는 완전히 배제시킨 갈등에 지나지 않는 것처럼 말이다. 그러나 이런 인상은 "반체제 인사"의 정말 중요한 태도와 크게 모순된다. 그들의 태도는 다른 사람들에 대한 관심, 전체적으로 사회를 병들게 하는 것에 대한 관심, 다시 말해 목소리를 내지 못하는 모든 사람들에 대한 관심에 기초하거나 그 관심을 향한다. "반체제 인사들"이 어떤 종류로든 권위를 갖는다면, 쓸데없이 곳곳에 출몰하는 외래 곤충들처럼 오래전에 전멸되지 않았다면, 그것은 정부가 이 배타적인 집단과 그들의 배타적인 아이디어를 그토록 경외하며 고수해서가 아니라, 감추어진 영역 안에 뿌리를 둔 진리 안에서의 삶이 지닌 잠재적인 정치적인 힘을 완벽하게 인식하기 때문이며, "반체제"적 성격이 점차 커지는 세계, 그리고 그것이 다루는 세계 ― 일상적이고 인간적인 세계, 삶의 목표와 체제의 목표 사이의 긴장이 일상적으로 이어지는 세계 ― 가 다가오리라는 것을 잘 알고 있기 때문이다. (77헌장이 등장한 후, 전 국민에게 77헌장이 잘못되었음을 선언하도록 강요하는 캠페인을 시작한 정부의 행동보다 더 분명한 증거가 있을까? 그러나 수백만 명의 서명자들은 무엇보다 먼저, 사실은 전혀 그렇지 않다는 걸 증명해 보였다.) 정치 기관들과 경찰은 "반체제 인사들"에게 그렇게 막대한 관심을 기울이지 않는데 ― 그것은 정부가 대안적인 권력을 지닌 당파를 두려워하듯이 반체제 인사들을 두려워한다는 인상을 줄 수 있다 ―, 왜냐하면 그들이 실제로 대단히 힘 있는 당파이긴 하지만, 다른 사람들은 말하지 못하거나 말하길 두려워하는 것을 크게 소리 내어 말한다는 점에서만 다를 뿐 평범한 근심을 안고 살아가는 평범한 사람들이기 때문이다. 앞에서 나는 솔제니친의 정치적 영향력에 대해 언급했다. 그의 영향력은 개인으로서 그가 지닌 독점적인 정치적 힘에서 나오는 것이 아니라, 그가 선의를 지닌 수백만 명의 사람들에게 자세히 설명하고 알렸던 소련 강제수용소에 갇힌 수백만 희생자들의 경험에서 나온다.

유명한 혹은 특출한 "반체제 인사"를 엄선된 범주로 규정하는 것은 사실상 그들 활동의 가장 고유한 도덕적 측면을 부인하는 것이다. 앞에서 보았듯이, "반체제" 운동은 인권과 자유는 나눌 수 없는 것이라는 개념 위에 확립된 평등의 원리에서 성장한다. 결국 KOR(반체제 인사들로 구성된 폴란드 '노동자방어위원회' ― 옮긴이) 내의 유명한 "반체제 인사들"은 무명의 노동자들을 방어하기 위해 연합하지 않았는가? 그리고 그들이 "유명한 반체제 인사"가 된 것은 바로 이런 이유 때문이 아니었는가? 그리고 유명한 "반체제 인사들"이 무명의 음악가들을 보호하기 위해 한데 모인 후 77헌장으로 연합하지 않았는가? 그들 또한 77헌장 안에서 하나가 되었고 바로 그런 이유로 역시나 "유명한 반체제 인사들"이 되지 않았는가? 일부 시민이 다른 시민들을 보호하기 위해 일어날수록, 그들이 사실상 "다른 시민들"과 구분되는 단어로 지정되는 것은 정말이지 가혹한 역설이다.

내가 이 에세이에서 "반체제 인사"라는 단어에 인용부호를 붙인 의미가 이 설명으로 분명하게 이해되길 바란다.

XIV

체코와 슬로바키아가 오스트리아-헝가리 제국에 속하던 시기에, 그래서 체코인과 슬로바키아인이 역사적으로든, 정치적으로든, 심리적으로든, 사회적 상황으로든 이 제국의 틀 밖에서는 자신들의 정체성을 찾을 수 있는 환경이 존재하지 않던 시기에, 토마시 가리크 마사리크Tomáš Garrigue Masaryk(1918~35, 체코슬로바키아의 건국 공로자이며 초대 대통령 ― 옮긴이)는 "소규모 작업small-scale work, drobná práce"이라는 개념을 기반으로 체코슬로바키아 국가 프로그램을 수립했다. 마사리크가 말하는 소규모 작업이란, 기존 사회 질서 내의 다양하고 광범위한 생활 영역에서 행해지는 정직하고 책임 있는 작업, 국가의 창조력과 국가의 자신감을 불러일으키는 작업을 의미했다. 당연히 그는 지적이고 계몽적인 양육과 교육, 그리고 도덕적이고 인도주의적인 삶의 측면에 특히 역점을 두었다. 마사리크는 보다 위엄 있는 국가의 운명을 향한 유일한 출발점이 있다면 바로 인간 자체라고 믿었다. 마사리크의 견해에 따르면 인간이 해야 할 첫 번째 과제는 보다 인간적인 삶을 위한 환경을 조성하는 것으로, 국가의 위상을 높이려면 인간의 변화가 선행되어야 했다.

"국익을 위해 일한다"는 이 개념은 체코슬로바키아 사회에 깊이 뿌리 박혔으며, 여러 방면에서 성공을 거두었고 오늘날에도 활발하게 전개되고 있다. 정권과 협력하기 위한 그럴듯한 구실로 이 개념을 이용하는 사람도 있지만, 오늘날에도 여전히 많은 사람들이 이 이상을 성실하게 지키고 있으며, 적어도 일부 분야에서는 확실한 성과를 드러내고 있다. 이들은 불가피하게 거짓 안에서 생활하는 데는 최소한의 대가를 지불하면서도, 사회의 진정한 요구에 최선을 다하기 위해 포기를 거부하고 부단히 전력을 다해 노력하는 근면한 사람들이다. 이들이 없었다면 상황이 더 악화되었으리라는 건 두말할 나위가 없다. 이들은 모든 선한 행위가 잘못된 정치에 대한 간접적인 비판이며, 비록 그런 길을 가는 게 직접적인 비판을 가할 자연권을 포기하는 걸 의미할지라도 그것이 가치 있는 상황도 있다고 믿는다. 그리고 그것은 옳다.

그러나 오늘날 이런 태도에는 1960년대 상황과 비교하더라도 아주 분명한 한계들이 있다. "소규모 작업"이라는 원칙을 실천하려 시도하는 사람들은 후기 전체주의 체제에 직면하여 딜레마에 봉착하는 상황을 점점 더 자주 겪는다. 그리하여 지금껏 고수하던 태도에서 물러나든지, 이 태도의 바탕이 되는 정직, 책임감, 언행의 일관성을 약화하고 그저 상황에 순응하든지(다수가 취하는 접근 방법), 아니면 기왕에 시작한 방식을 고수하여 불가피하게 정권과 충돌한다(소수가 취하는 접근 방법).

소규모 작업이라는 개념은 기존의 사회정치적 구조에서 어떠한 희생을 치르더라도 반드시 살아남아야 할 필요에 의해 만들어진 것으로(이 경우 스스로 이 구조에서 빠져나온 개인은 필연적으로 "국가를 위한 일"을 포기한 것처럼 보였을 것이다), 그렇지 않았다면 오늘날 이 개념은 훨씬 덜 중요했을 것이다. 다시 말해, 국가의 이익을 위해 소규모 작업을 중단할 시점이 언제인지, 이 작업이 국가에 해가 되는 시점이 언제인지 결정할 수 있는 보편타당하게 정리된 방법, 즉 일반적인 행동 모델이 없다. 그러나 무엇보다 분명한 사실은, 반대 상황으로 인한 위험은 점점 극심해지고 있으며, 소규모 작업은 더욱 빈번하게 한계에 부딪혀 갈등을 피하려다 본질을 손상시키고 있다는 것이다.

1974년 내가 맥주 공장에 입사했을 때, 내 직속 상사 S 아무개는 맥주 제조 기술에 정통한 사람이었다. 그는 자신의 직업에 자부심이 있었고, 우리 맥주 공장이 좋은 맥주를 양조하길 바랐다. 거의 모든 시간을 공장에서 보내면서 맥주 맛을 개선하기 위해 끊임없이 고민했고, 우리도 자기만큼 맥주 양조 일을 사랑한다고 생각했기에 모든 직원을 불편하게 만들기 일쑤였다. 사회주의는 무심하고 소홀하게 일을 대하도록 열심히 부추겼지만, 성실한 노동자는 그런 태도를 상상조차 하기 힘들었을 것이다.

맥주 공장 관리자들은 자기 일을 잘 이해하지 못했고 별로 좋아하지도 않았지만 정치적인 영향력은 큰 사람들이었다. 그들은 결국 맥주 공장을 파산으로 이끌어갔고, 내 상사 Š의 제안에 전혀 반응하지 않았을 뿐 아니라 실제로 그에게 점차 적대적인 태도를 보이며 열심히 일하려는 그의 노력을 번번이 방해하려 했다. 결국 상황이 크게 악화되자, Š는 상급 관리자들에게 장문의 편지를 써야 할 필요성을 느끼고, 편지에 공장의 문제점들을 분석하여 보고했다. 그는 그 지역에서 우리 공장의 매출이 가장 낮은 이유를 설명했고 여기에 책임이 있는 사람들이 누구인지 지목했다.

그의 목소리가 반영되었다면 어땠을까. 정치적으로 영향력 있지만 맥주에 대해서는 전혀 모르고, 노동자를 혐오해 툭하면 음모를 꾸미는 관리자는 새로운 관리자로 교체되었을지 모른다. Š의 제안 덕분에 공장 상황은 개선되었을지 모른다. 그랬다면 소규모 작업의 실질적이고 완벽한 예시가 되었을 것이다. 하지만 안타깝게도 상황은 그와 정반대로 돌아갔다. 공산당 지역위원회 회원인 관리자는 높은 지위에 있는 지인들의 도움으로 상황이 자신에게 유리하도록 조치를 취했다. Š의 분석 보고서는 "타인의 명예를 훼손하는 문서"로 분류되었고, Š에게는 "정치 파괴 공작원"이라는 낙인이 찍혔다. 그는 맥주 공장에서 쫓겨나 다른 공장으로 옮겨졌고, 그곳에서 아무런 기술이 필요 없는 일을 맡게 되었다. 이처럼 소규모 작업이라는 개념은 후기 전체주의 체제의 벽에 부딪치게 된 것이다. 사실을 말하자면, Š는 선을 넘고 규칙을 어김으로써 공장에서 쫓겨났고, 결국 2등 시민이 되어 적이라는 오명을 쓰게 되었다. 그는 이제 하고 싶은 말을 얼마든지 할 수 있었지만, 원칙상 그의 말이 전달되리라고는 결코 기대할 수 없었다. 그는 보헤미아 동부 맥주 공장의 "반체제 인사"가 된 것이다.

다른 관점에서 보면, 이 이야기는 내가 앞에서 말한 내용을 설명하는 좋은 예인 것 같다. 다시 말해, 당신이 어느 날 아주 특이한 직업[반체제 인사]을 시작해야겠다고 결정했다는 이유만으로 "반체제 인사"가 되지는 않는다. 개인적인 책임감에 일련의 복잡한 외부 상황이 더해지면서 그런 상황에 처해지는 것이다. 현재 몸담고 있는 조직에서 쫓겨나 그 조직과 상충하는 위치로 옮겨간다. 잘 해보려고 시작한 일이지만 결국 사회의 적이라는 낙인이 찍히고 만다. 우리의 상황이 오스트리아-헝가리 제국과는 비교도 되지 않는 이유이다. 최악의 시대였던 바히안 절대주의 시대 Bachian absolutism, 1849~59 당시, 실제로 체코의 "반체제 인사"는 브릭센에 수감된 카렐 하블리체크 보로프스키 Karel Havlíček Borovský(1821~56, 《국민 신문Národní noviny》과 《슬로브인 Slovan》 등을 펴낸 근대적 체코 언론의 창시자이자 민족 운동의 지도자 — 옮긴이)가 유일했다. 오늘날 상황이 더 낫지 않느냐며 괜한 우월감에 젖지 않는다면, 모퉁이만 돌면 어디서나 "반체제 인사"를 발견할 수 있다는 걸 인정해야 한다.

"소규모 작업"을 그만두었다는 이유로 "반체제 인사들"을 비난하는 것은 매우 불합리하다. "반체제"는 마사리크의 견해에 대한 대안이 아니라 "종종" 하나의 결과일 수 있다. 나는 항상 그런 건 아니라는 걸 강조하기 위해 "종종"이라는 말을 사용했다. 나는 훌륭하고 책임감 강한 사람들만이 기존의 사회 정치적 구조와 맞지 않는다고 믿는 건 결코 아니다. 결국 양조 기술자들은 그들의 싸움에서 이겼을 수도 있다. 단순히 자기 자리를 지켰다는 이유만으로, 다시 말해 "반체제 인사"가 아니라는 이유만으로 자리를 지킨 사람들을 비난하는 것은 그들을 "반체제 인사"의 예로 제시하는 것만큼이나 어불성설일 것이다. 어쨌든 모든 "반체제적" 태도를 진리 안에서 살기 위한 시도로 보는 것은 모순이다 ─ 바람직한 행동이든 그렇지 않든 인간의 행동을 그 행동 자체로 판단하는 것이 아니라, 그런 시도를 야기한 개인의 사정에 따라 판단한다면 말이다.

XV

진리 안에서 살려는 야채상의 시도는 특정한 행동을 하지 않는 식으로 제한될지 모른다. 우선 창문에 국기를 달려는 유일한 동기가 주택 관리인에 의해 신고되는 사태를 피하기 위해서라면 그는 이제 국기를 달지 않기로 결심한다. 엉터리라고 생각하는 선거에 투표하지 않는다. 상사에게 자신의 의견을 숨기지 않는다. 다시 말해, 그는 체제가 제시하는 특정한 요구에 따르기를 "단순히" 거부하는 것에 그칠지 모른다. (물론 결코 사소하다고 할 수 없는 조치지만.) 그러나 이 단계는 보다 높은 단계로 발전할 수 있다. 야채상은 구체적인 무언가를, 체제의 조작에 반하는 즉각적이고 개인적인 자기방어적 반응을 넘어서는 무언가를, 새롭게 발견한 한층 무거운 책임감을 드러낼 무언가를 시작할지 모른다. 예를 들어, 그는 자신들의 이익을 옹호하기 위해 동료 야채상들과 단체 행동을 조직할 수 있다. 여러 기관에 편지를 써서, 주변의 혼란스럽고 부당한 사례에 대해 기관의 주의를 끌 수도 있다. 비공식 자료를 찾아 인쇄해서 지인들에게 돌릴 수도 있다.

이른바 진리 안에서의 삶이 모든 "독립적인 시민의 자주성"과 "반체제 운동" 혹은 "반대파"를 위한 실존주의적인 기본 출발점이라 하더라도, 진리 안에서 살려는 모든 시도가 자동적으로 이 범주에 속한다는 의미는 아니다. 오히려 가장 기본적이고 넓은 의미에서 볼 때, 진리 안에서의 삶은 외부 한계가 불분명해 지도로 나타내기 어려운 방대한 영역, 인간의 자유의지에 관해 겸손한 표현들로 가득한 영역을 포함하며, 그 안에 사는 이들은 대부분 익명으로 남아 아마도 정치적으로 전혀 영향을 주지 않거나 단지 사회적 풍토나 분위기의 일부로만 묘사될 것이다. 다음과 같은 표현들에는 여전히 체제의 조작에 대한 기본적인 저항이 담겨 있다. 허리를 곧게 세워, 개인으로서 더욱 존엄하게 생활하라.

보다 일관되고 분명한 자주적 태도, 즉 "단순히" 개인적인 저항을 넘어서서 보다 의식적이고 조직적이며 목적지향적 과업으로 발전한 자주적 태도가 이처럼 광범위한 익명의 배후지 도처에서 모습을 드러낼지 모른다. 그것은 어떤 사람들의 성격, 추측, 직업, 더불어 특정한 지역 환경, 지인과 같은 많은 우연 덕분일 것이다. 단순히 거짓으로 사는 것의 반대 상황에 그치지 않고 자신의 생각을 구체적인 방식으로 표현하게 될 때 비로소 진리 안에서 살게 되며, 이러한 진리 안에서 사는 단계에서 "독립적이고 정신적이며 사회정치적인 사회적 삶"이라고 부를 수 있는 무언가가 태어난다. 이 독립적인 삶은 정확하게 정해놓은 선에 의해 다른 삶("의존적인 삶")과 분리되지 않으며, 종종 두 가지 형태가 같은 사람 안에 동시에 공존한다. 그럼에도 불구하고 내면에서 해방된 정도가 더 높은 쪽이 더 크게 집중된다. 이것은 마치 파도에 흔들리는 작은 보트처럼 조작된 삶이라는 망망대해를 떠다니지만, 진리 안에서의 삶이라는 전령들이 모습을 드러내며 억압된 삶의 목표를 외칠 때마다 다시 깐닥거리며 앞으로 향한다.

그렇다면 독립적인 사회적 삶이란 무엇일까? 당연히도 그 표현과 활동은 매우 광범위하다. 여기에는 자유로운 창조 활동 및 외부와의 소통을 통한 자기학습과 세계에 관한 사고가 포함된다. 또한 독립적인 사회가 자율적으로 조직을 형성한 사례를 비롯해 매우 다양한 자유롭고 시민적인 태도 등의 모든 내용이 포함된다. 요컨대 독립적인 사회적 삶은 진리 안에서의 삶이 분명하게 표현되어 가시적인 방식으로 구체화되는 영역이다.

따라서 "시민의 자주성" "반체제 운동" 심지어 "반대파"로 언급되는 것들은 훗날 독립적인 사회적 삶이라는 이 영역에 빙산의 일각처럼 드러날 것이다. 다시 말해, 독립적인 사회적 삶이 이 생활에 대한 분명하고 명확한 표현이자 가장 넓은 의미에서 진리 안에서의 삶으로부터 발전하듯이, "반체제 인사"는 독립적인 사회적 삶으로부터 점차 모습을 드러낸다. 그러나 여기에는 분명한 차이가 있다. 독립적인 사회적 삶이 적어도 외적으로, 진리 안에서의 삶이라는 고차원적 형태로 이해될 수 있는 한편, "반체제" 운동이 반드시 독립적인 사회적 삶의 고차원적 형태인지는 그보다 훨씬 불분명하다. 반체제 운동은 독립적인 사회적 삶에 대해 가장 가시적인 표현이자 한눈에 보기에도 가장 정치적인 (그리고 가장 분명하게 드러나는) 표현이다. 그럼에도 불구하고 단지 독립적인 사회적 삶에 대한 한 가지 징후일 뿐이며, 일반적인 사회적 의미에서뿐 아니라 직접적인 정치적 영향력의 측면에서 보더라도 반드시 가장 성숙하거나 가장 중요한 표현이라고 보기는 어렵다. 결국 "반체제"라는 용어는 특별한 의미를 부여받음으로써 출생지로부터 인위적으로 삭제되었다. 그렇지만 이 용어에 대해 이것이 만들어지고, 구성 요소로 포함되며, 생명력을 얻고 있는 전체 배경과 분리해서 생각하기란 사실상 불가능하다. 어쨌든 후기 전체주의 체제의 특징에 대해 앞에서 언급한 내용에 미루어 볼 때, 특정한 순간 정치적으로 가장 강력하게 보이는 것, 그래서 그런 용어들로 떠올린 것이 사실상 반드시 그런 힘을 지닐 필요는 없다. 실제 정치적 힘이 어느 정도 미치느냐는 오로지 정치 이전 상황에 기인한다.

그렇다면 이제부터 논의할 내용은 다름 아닌 이런 내용이 되어야 할 것이다. 즉, 이런저런 방식으로 독립적인 사회적 삶에 참여하지만 그렇다고 반드시 "반체제 인사"는 아닌 모든 사람들의 작업에 대해 먼저 이야기하지 않고서는, "반체제 인사들"이 어떤 활동을 하는지, 그들의 작업이 어떤 영향을 미치는지 이야기하기란 사실상 불가능하다는 것이다. 그들은 검열이나 공적인 요구사항 따위는 신경 쓰지 않고 자신이 쓰고 싶은 글을 쓰고, 공식적인 출판사에서 출판을 거부하면 지하출판물로 작품을 출판하는 작가일 수도 있다. 그들은 독자적으로 학문을 추구하며, 공식적 또는 준공식적인 경로를 통할 수 없으면 역시나 지하출판물로 자신의 작업을 유포하거나 개인적으로 토론, 강연, 세미나를 조직하는 철학자, 역사학자, 사회학자 등 모든 사람들일 수도 있다. 공립학교에서 가르치지 못하도록 금지한 내용을 학생들에게 은밀히 가르치는 교사일 수도 있다. 자신의 집무실에서, 직책을 빼앗겼다면 집무실 밖에서 자유롭게 신앙생활을 수행하려 애쓰는 성직자일 수도 있다. 공공 기관들의 시선에 아랑곳하지 않고 자신의 작업을 밀고 나가는 화가, 음악가, 가수일 수도 있다. 이러한 독립적인 문화가 공유하고 확산되도록 돕는 모든 사람일 수도 있다. 이용할 수 있는 모든 수단을 총동원해 노동자들의 실질적인 사회적 이익을 표현하고 옹호하며, 노동조합에 진정한 의미를 두며 독립적인 노동조합을 만들기 위해 노력하는 사람들일 수도 있다. 부당한 사례에 관료들의 주의를 돌리길 두려워하지 않으며 법이 제대로 준수되는지 열심히 지켜보는 사람들일 수 있으며, 체제의 조작으로부터 벗어나 자기만의 가치관을 갖고 자기만의 방식대로 살기 위해 애쓰는 다양한 집단의 젊은이들일 수도 있다. 이들에 대해 얼마든지 더 열거할 수 있다.

이런 모든 사람들을 "반체제 인사"로 칭할 수 있다고 생각하는 사람은 거의 없을 것이다. 그렇지만 잘 알려진 "반체제 인사들"은 그야말로 이들과 같은 사람들이 아닐까? 이런 활동들은 전부 사실상 "반체제 인사들"도 하는 활동이 아닌가? 그들은 학문적인 작업을 하고 그것을 지하출판물로 발표하지 않는가? 그들은 희곡과 소설과 시를 쓰지 않는가? 그들은 "대학"에서 학생들에게 은밀히 강의하지 않는가? 그들은 다양한 형태의 불의에 맞서 투쟁하고, 다양한 분야의 사람들을 위해 진심어린 사회적 관심을 확인하고 표현하려 시도하지 않는가?

나는 이와 같은 "반체제적" 태도의 근원, 내부 구조, 그리고 이 태도의 일부 양상을 보여주려고 한 뒤, 이를테면 외부로부터 관점을 이동하여 이들 "반체제 인사들"이 실제로 어떤 행동을 하는지, 그들의 자주성이 어떤 식으로 드러나고 어디로 향하는지를 연구했다.

그렇게 해서 내린 첫 번째 결론은, 다른 모든 것의 방향을 결정하는 가장 중요한 첫 활동 영역은 바로 진리 안에서의 삶에 대한 분명한 표현으로서 독립적인 사회적 삶을 창조하고 유지하려는 노력이라는 것이다. 다시 말해, 지속적으로, 목적의식을 갖고, 명확한 표현으로 진리를 위해 복무하고 이 임무를 체계화하는 것이다. 결국 이것은 아주 당연하다. 진리 안에서의 삶이 서로를 소원하게 만드는 체제의 압력에 반대하는 사람들이 꾀하는 모든 시도의 근본적인 출발점이라면, 정치적 취지가 담긴 독립적인 행동에 대해 유일하게 유의미한 근거라면, 궁극적으로 "반체제적" 태도의 가장 본질적인 실존주의적 원천이라면, 그렇다면 그토록 분명한 "반체제적 표현"이 진리를 향한 복무, 진실한 삶, 그리고 진정한 삶의 목적을 위한 길을 트려는 시도 외에 다른 근거를 가질 수 있다는 것은 상상하기 어렵다.

XVI

후기 전체주의 체제는 인간에 대해 전면적인 공격을 감행하고 있고, 인간은 버림받아 고립된 채 홀로 이 공격에 저항한다. 그러므로 모든 "반체제" 운동이 명백히 방어적인 운동이 되는 것은 지극히 당연하다. 반체제 운동은 인간을 방어하기 위해, 그리고 체제의 목적에 맞서 진정한 삶의 목적을 방어하기 위해 존재한다.

오늘날 폴란드 단체 KOR은 "사회적 자기 방어를 위한 위원회"라고 일컫는다. "방어"라는 단어는 폴란드의 다른 유사한 단체들 이름에도 드러나지만, 소비에트-헬싱키 감시 기관과 체코슬로바키아의 77헌장도 명백히 방어적이다.

전통적인 정치에서는 이러한 방어 프로그램이 아주 약간, 잠정적으로, 결국엔 소극적으로 드러나지만 그럼에도 불구하고 쉽게 알아볼 수 있다. 방어 프로그램은 새로운 구상이나 모델, 이데올로기를 제공하지 않으며, 따라서 엄밀한 의미에서는 정치가 아니다. 정치는 항상 적극적인 프로그램을 상정하며 무언가에 맞서는 누군가를 방어하는 것에 한정되지 않기 때문이다.

내 생각에 이런 견해는 전통적인 정치의 시각으로 상황을 바라보는 방식의 한계를 드러내는 것 같다. 결국 후기 전체주의 체제는 특정한 정부가 추구하는 특정한 정치 노선이 발현된 것이 아니다. 근본적으로 다른 무엇이다. 다시 말해, 후기 전체주의 체제는 복합적이고 심층적이며 장기적으로 사회를 침해하며, 더 정확하게 말하면 사회가 스스로를 침해하는 것이다. 그러므로 단순히 다른 정치 노선을 수립해 정부를 변화시키려함으로써 이 체제와 싸우는 것은 비현실적일뿐더러 아주 부적절하다. 자칫 사안의 뿌리는 건드리지도 못할 테니 말이다. 언젠가부터 문제는 더 이상 정치 노선 혹은 정치 프로그램 안에 있는 게 아니었다. 이것은 삶 자체의 문제가 된 것이다.

이처럼 삶의 목적을 옹호하고 인간을 방어하는 것은 지금 당장 시작할 수 있기 때문에 더욱 현실적인 접근 방법이며, 사람들의 일상에 영향을 미치기 때문에 잠재적으로 더욱 대중적인 방법이다. 또한 (그리고 아마도 바로 이러한 이유로) 상황의 핵심을 겨냥하기 때문에 더할 나위 없이 일관된 접근 방법이기도 하다.

한낮에 별을 보기 위해 우물 밑으로 내려가야 할 때가 있는 것처럼, 진리를 이해하기 위해 불행의 밑바닥으로 내려가야 할 때가 있다. 내 생각에 "아주 약간의" "잠정적이고" "소극적인"─"단순히" 사람을 방어하기 위한─이 프로그램은 특정한 의미에서 (그리고 우리가 살고 있는 환경에서도) 최적의 프로그램이자 가장 적극적인 프로그램인 것 같다. 이 프로그램은 모든 해묵은 실수들을 피할 수 있다면 더할 나위 없이 적절하고 유일한 출발점인 인간 개개인에게로 정치를 복귀시키도록 강제하기 때문이다. 인간에게 노골적이고 잔인하게 폭력을 가하지 않는 민주주의 사회에서는 이런 본질적인 정치 혁명은 아직 일어나지 않고 있으며, 아마도 어떤 부분들이 더 악화되어야만 혁명에 대한 절실한 필요가 정치에 반영될 것이다. 우리 세계에서는 바로 우리가 처한 비참한 상황 때문에 정치가 이미 그러한 변화를 겪고 있는 게 아닌가 싶다. 다시 말해, 정치적 사고의 주요 관심사는 더 이상 자기 구원, "긍정적인" 모델(그리고 당연히 동전의 뒷면 격인 기회주의적 정치 관행)이라는 추상적인 몽상이 아니라, 오히려 단지 지금까지 이런 모델과 관행들에 사로잡혀 있던 사람이 되는 것이다.

물론 모든 사회는 어느 정도 조직화가 필요하다. 그러나 이 조직화가 사람에게 복무하며 그 반대로 향하지 않으려면, 그래서 먼저 사람이 해방되고 공간이 창조됨으로써 사람과 공간은 스스로 유의미한 방식으로 조직되어야 할 것이다. 그러나 반대로, 먼저 이런저런 방식으로 사람이 조직된 뒤에야 ("사람들이 필요로 하는 것"을 언제나 가장 잘 아는 누군가에 의해) 비로소 해방이 가능하다면, 그런 부패한 접근법이 어떤 식으로 전개될지 우리는 익히 아주 잘 알고 있다.

요컨대, 전통적인 정치적 사고방식으로 똘똘 뭉쳐있는 대부분의 사람들은 순전히 방어적인 특징을 "반체제" 운동의 약점이라고 여긴다. 반대로 나는 그것을 반체제 운동의 가장 큰 강점이라고 생각한다. 내가 이 운동이 전통적 정치를 대체한다고 믿는 지점이 바로 이 지점이다. 전통적인 정치 프로그램의 시각에서는 매우 부적절하게 보이겠지만 말이다.

XVII

세계인권선언, 국제인권규약, 헬싱키협약 최종안, 그리고 각 국의 헌법 등과 같은 다양한 공식 문서에 명확하게 드러난 내용에서 볼 수 있는 것처럼, 소비에트 블록의 "반체제" 운동에서 사람들 방어하는 활동은 주로 인권과 시민권을 방어하는 형태로 드러난다. 이 운동은 그러한 인권과 시민권의 정신으로 활동하다 기소된 사람들을 보호하기 위해 시작되었으며, 지금은 정권이 인권과 시민권을 인식하고 존중하도록 지속적으로 요구하는 한편, 그렇지 못한 삶의 영역으로 정권이 관심을 돌리도록 자신들도 인권과 시민권의 정신으로 활동한다.

그러므로 반체제 운동은 합법성의 원칙을 기반으로 한다. 반체제 운동은 그들의 활동이 법에 따라 이루어질 뿐 아니라 법을 존중하는 것이 주된 목표 중 하나라고 주장함으로써 공적으로 그리고 공개적으로 활동한다. 이 합법성의 원칙은 활동의 출발점과 틀을 동시에 제공할 뿐 아니라, 각 집단이 이에 관한 공식적인 협정을 작성하지는 않았지만 소비에트 블록 내 모든 "반체제" 집단의 공통된 특징이기도 하다. 이런 정황에 대해 중요한 의문을 제기하지 않을 수 없다. 권력 남용이 제멋대로 만연된 환경에서 그처럼 모든 집단이 자발적으로 합법성의 원칙을 수용하는 이유는 무엇일까?

기본적으로, 합법성을 강조하는 것은 후기 전체주의 체제의 특수한 조건에서 자연스러운 표현이자, 그 특수성에 대한 기초적인 이해의 결과다. 자유로운 사회를 향해 투쟁하는 방법이 기본적으로 단 두 가지뿐이라면 ― 즉 합법적인 수단과 (무장 혹은 비무장) 반란 ― 후기 전체주의 체제에서 후자의 대안이 얼마나 적절치 못한지는 당장 명확해질 것이다. 가령, 전쟁중일 때, 혹은 사회정치적 충돌이 정점에 이르는 상황이라 형세가 분명하고 공개적일 때는 반란을 일으키는 것이 적절하다. 따라서 이제 막 설립되었거나 와해되고 있는 고전적인 독재국가에서는 반란을 일으키는 것이 적절하다. 다시 말해, 사회적 영향력이 유사한 두 집단(예를 들어, 점령 정부 대對 자유를 위해 투쟁하는 국가)이 실제 권력 수준에서 서로 대립하거나, 권력 찬탈자와 권력에 예속된 사람들이 분명하게 구별되거나, 사회가 확실한 위기 상황에 처했음을 스스로 알 때 반란을 일으키는 것은 적절하다. 후기 전체주의 체제의 상황 ― 1956년의 헝가리 상황처럼 일촉즉발의 위기상황을 제외하면 ― 은 당연히 이와 전혀 다르다. 이 상황은 고정적이고 안정되며, 사회의 위기는 대개 잠복해 있다. (아주 깊숙한 곳에서 작동할지언정.) 사회는 실제 정치권력 수준에서는 뚜렷하게 양극화되지 않지만, 우리가 보았듯이 각각의 개인 사이에는 기본적으로 많은 갈등이 퍼져 있다. 이런 상황에서는 반란을 시도해봤자 사회의 나머지 영역에 최소한의 공명을 일으키는 것조차 기대할 수 없을 것이다. 그도 그럴 것이 이런 사회는 사람들을 소모적이고 치열한 경쟁 속에 매몰시켜 최면을 일으키고, 후기 전체주의 체제에 온전히 관여하게 만들어(즉, 이 체제에 참여하여 기계적 행위의 대리인으로 행동하도록 만들어) 반란과 같은 행위는 도저히 용납할 수 없게 만들 터이기 때문이다. 그런 사회의 시각에서는 후기 전체주의 체제가 최소한 유사-합법성이나마 보장할 수 있다고 보기 때문에 반란을 사회 자체에 대한 공격이라고 해석한다. 따라서 반란을 지지하기는커녕 오히려 체제에 대한 편향을 강화하는 방식으로 대응할 가능성이 매우 높다. 그뿐만 아니라 후기 전체주의 체제는 직간접적으로 복합적인 역사상 유래 없는 감시 장치를 얼마든지 마련할 수 있어, 모든 반란 시도는 정치적으로 막다른 길에 봉착할 뿐 아니라 기술적으로도 거의 실행 불가능할 게 분명하다. 반란을 시도하려 해봤자 대부분은 그 의도를 행동으로 옮기기도 전에 이미 정리될 것이다. 설사 반란이 가능하다 해도, 고립된 소수 개인들의 외로운 몸짓에 불과할 테고, 그마저도 거대한 국가적 (그리고 초국가적) 권력 기구는 물론이고 그들이 맨 처음 반란을 일으킨 바로 그 사회에 의해 저지될 것이다. (그런데 이것은 정권과 정권의 선전이 테러의 목적을 "반체제" 운동 탓으로 돌리고, 그 목적을 불법적이고 음모론적 방식이라고 비난하는 또 다른 이유이다.)

그러나 이 모든 것은 "반체제" 운동이 합법성의 원칙을 지지하는 주된 이유가 아니다. 주된 이유는 더 깊은 곳에, "반체제적" 태도라는 가장 내밀한 구조 안에 있다. 이 태도는 기본적으로 폭력적인 변화라는 개념에 적대적이고, 또 적대적이어야 한다. 이런 변화가 폭력에 신뢰를 둔다는 이유만으로 말이다. (일반적으로 "반체제적" 태도는 오직 폭력으로만 직접적인 폭력에 대응할 수 있을 때, 계속되는 소극적인 태도가 사실상 폭력을 지지하는 걸 의미할 때처럼 극단적인 상황에서 필요악으로만 폭력을 수용한다. 예를 들어, 유럽의 맹목적인 평화주의는 제2차 세계대전의 기초를 닦는 요인 중 하나였다.) 앞에서도 말했듯이 "반체제 인사들"은 (방법과 관계없이) 체제나 정부의 변화를 일으켜야만 비로소 철저한 사회 변화를 이룰 수 있다는 신념과, 그러한 변화에 대한 확신이 바탕이 된 정치적 사고에 회의적인 경향이 있다. 그런 변화를 "본질적인 것"으로 여기게 되면, "덜 본질적인" 것, 다시 말해 인간의 생명을 희생시키는 것이 정당화되기 때문이다. 그렇게 되면 이론적 개념에 대한 존중이 인간 생명을 향한 존중보다 더 커지는데, 이것이야말로 인류를 다시 노예로 만드는 위협에 불과하다.

지금까지 줄곧 암시했듯이, "반체제" 운동은 이와는 정반대의 견해를 공유한다. 반체제 운동은 체제의 변화를 피상적인 무엇, 부수적인 무엇, 그 자체로는 아무것도 보장할 수 없는 무엇으로 이해한다. 그러므로 구체적인 인간의 미래에 대한 추상적이고 정치적인 비전들, 현시점에서 그들을 효율적으로 방어할 수 있는 방법들을 거부하는 태도를 대할 때, 더 나은 미래라는 명목하에 자행되는 모든 형태의 폭력에 대한 격한 반감과, 폭력에 의해 획득된 미래는 사실상 현재 모습보다 더 나쁠수도 있다는 깊은 확신을 갖게 되는 것은 지극히 당연하다. 다시 말해, 그런 식으로 획득된 미래는 그것을 획득하기 위해 사용된 바로 그 수단에 의해 치명적인 오명을 쓰게 되리라는 것이다. 한편 이 태도가 정치적 보수주의 내지는 정치적 온건함으로 오인되지는 않는다. "반체제" 운동은 폭력적인 정치의 전복이라는 개념을 마다하지 않는데, 이 개념이 매우 과격한 것 같지만 오히려 충분히 과격하게 보이지 않기 때문이다. 그들이 보기에, 정부든 기술이든 단순히 체제의 변화를 통해 해결하기에는 문제가 아주 깊숙이 뿌리박혀 있다. 19세기 고전적인 마르크스주의 이데올로기에 충실한 일부 사람들은 우리 체제를 피착취 계급에 대한 착취 계급의 헤게모니로 이해하고, 착취자들은 자신들의 권력을 결코 자발적으로 넘겨주지 않는다는 가정하에 전략을 수행해 그들을 완전히 제거하는 것을 혁명의 유일한 해결책으로 본다. 따라서 당연히 그들은 인권 투쟁 같은 방식이 그릇된 합법성을 기반으로 착취 계급과 성실하게 협상할 수 있으리라고 미덥지 않게 추정하기 때문에, 한심

할 정도로 합법적이고 망상적이며 기회주의적이며, 궁극적으로는 잘못된 방향으로 향하게 만든다고 여긴다. 문제는 그들이 냉소적이고, 회의적이며, 소극적이고, 궁극적으로 냉담한 태도를 취한 결과 — 다시 말해, 결국엔 체제가 그들에게 원하는 태도를 정확하게 취한 결과 — 이 혁명을 수행할 만큼 단호한 사람을 아무도 찾을 수 없다는 것이다. 이것은 후기 전체주의라는 정치적 환경에서 다른 세계, 다른 시대로부터 넘어온 이데올로기 모델을 기계적으로 적용할 때 얼마나 깊이 호도될 수 있는지 보여주는 한 가지 예다.

물론 법이, 특히 인권에 관한 일반법이 허울이고, 세상에 드러내는 외양이며, 완전한 조작 뒤에 놓인 한낱 게임에 지나지 않는 마당에, 폭력적인 혁명을 지지해야만 합법성에의 호소가 과연 의미가 있느냐고 물을 수 있는 건 아니다. "법은 무엇이든 승인할 수 있다. 어차피 법은 자기가 의도한 대로 밀고 나가 무엇이든 원하는 대로 하고 말 테니까." — 우리가 자주 접하는 의견이다. 법의 문자적 의미에 매달려 끊임없이 호소하더라도 정부가 원하는 한에서만 그 법이 작용한다는, 아이들도 다 아는 사실은 결국 이 모든 게 한낱 위선이고, 슈베이크의 농지거리(야로슬라프 하셰크의 유고작 《선량한 병사 슈베이크 The Good Soldier Švejk》의 주인공인, 지적으로 모자란 슈베이크가 기득권층을 농락하는 이야기이다. 체코에서 슈베이크 병사는 국민적 캐릭터로 사랑받고 있다 — 옮긴이)이며, 궁극적으로 또 다른 게임 방식이자 자기기만의 다른 형태에 불과하다는 것이 사실 아닌가? 다시 말해, 합법적인 접근 방식은 진리 안에서의 삶이라는 원칙과 도대체 양립할 수 있긴 한 건가?

이 문제는 먼저 후기 전체주의 체제에서 법규가 어떻게 기능하는지에 관한 더 광범위한 함의들을 검토한 뒤에야 답을 얻을 수 있을 것이다.

후기 전체주의 체제보다 훨씬 가혹한 고전적 독재 국가에서는 통치자의 의지가 아무런 규제 없이 직접적으로 실행된다. 독재 국가는 그 토대를 숨기거나, 권력의 실제 작동 방식을 감출 이유가 없으며, 따라서 법 때문에 크게 지장을 받을 필요도 없다. 반면 후기 전체주의 체제는 모든 것을 단일한 질서로 구속해야 할 필요성에 강박적으로 사로잡혀 있다. 그런 국가에서는 규제, 선언, 명령, 규범, 지시, 규율 등의 빽빽한 네트워크가 생활 곳곳에 침투되어 있다. (괜히 관료제라고 부르는 게 아니다.) 이러한 규범의 대부분은 후기 전체주의 체제에 내재된, 생활에 대한 복잡한 조작을 위한 직접적인 수단으로 기능한다. 거대한 메커니즘 안에서 개인은 작은 톱니바퀴에 지나지 않게 되며, 그들의 중요성은 이 메커니즘에서 그들이 하는 기능에 국한된다. 그들의 직업, 주거 시설, 움직임, 사회문화적 표현들, 한 마디로 모든 것이 최대한 견고하게 보살핌을 받아야 하고, 미리 정해져야 하며, 규제되고 통제되어야 한다. 미리 정해진 삶의 과정에서 벗어나는 모든 일탈은 오류, 방종,

무질서로 취급된다. 음식점 요리사는 행정기관으로부터 어렵사리 허가를 받지 않으면 고객을 위해 특별한 음식을 요리할 수 없다. 가수는 관료에게 승인받지 않으면 콘서트에서 신곡을 부를 수 없다. 생활의 모든 측면에서 모든 사람들이 후기 전체주의 체제의 불가피한 산물인 관료적 형식주의에, 즉 규제로 가득한 아수라장 속에 사로잡혀 있다. 이 관료주의는 삶의 모든 표현과 목적을 관료주의 자체의 목적이 담긴 정신, 즉 원활하고 기계적인 작동에 기득권을 얻는 것으로 점차 일관되게 만들어버린다.

좁은 의미에서는 법규 또한 이런 직접접인 방식으로 후기 전체주의 체제에 기여하는데, 다시 말해 법규 또한 규제와 금지의 세계 중 일부를 이룬다. 그러나 동시에 법은 간접적인 방식으로도 기여하는데, 법을 — 법이 관여하는 수준에 따라 — 이데올로기를 향해 바싹 끌어오거나, 경우에 따라 이데올로기의 직접적인 요소로 만들기도 한다.

이데올로기와 마찬가지로 법규 역시 일종의 구실로 기능한다. 법규는 비열한 권력 행사를 법이라는 글자가 박힌 고상한 의복으로 덮어버린다. 법규는 정의가 이루어지고, 사회를 보호하며, 권력 행사를 객관적으로 규제한다는 달콤한 환상을 만들어낸다. 그러나 이 모든 환상은 후기 전체주의 법적 관행의 실제 본질, 그러니까 사회의 완전한 조작을 위한 것이다. 체코슬로바키아의 생활을 전혀 알지 못하는 외부 관찰자가 단순히 이 나라의 법만 공부한다면, 그는 우리가 대체 왜 그렇게 불평하는지 전혀 이해하지 못할 것이다. 법규(시민의 권리)에 분명하게 명시된 부분을 전면 무시하는 국가는 말할 것도 없고, 법정과 검사의 비밀 정치 공작, 의뢰인을 보호하는 변호사의 역량을 가로막는 제한들, 사실상 비공개적 성격을 지닌 재판들, 사법부보다 높은 권한을 지닌 보안부대의 독단적 횡포, 법규의 여러 부분을 모호하게 남겨두고 터무니없이 광범위하게 적용하려는 고의성, 이 모든 것이 외부 관찰자의 시선에는 완벽하게 감추어져 있을 것이다. 외부 관찰자가 지우지 못할 유일한 인상이 있다면, 우리나라의 법규가 다른 문명화된 국가들의 법규보다 형편없지 않고 크게 다르지도 않다는 점일 것이다. 다만 단일 정당의 영구적인 규칙이 헌법을 침해한다든지 국가가 이웃의 초강대국을 지나치게 좋아하는 등 몇 가지 희한한 상황을 제외한다면 말이다.

그러나 그들이 받은 인상은 사실과 전혀 다르다. 만일 우리의 관찰자가 경찰과 사법부의 공적인 업무 절차와 관행을 자세히 들여다볼 기회가 있었다면, 다시 말해 "서류"를 살펴보았다면, 그는 대개의 경우 형사 소송 절차의 공통된 규칙들이 잘 지켜지고 있음을 발견했을 것이다. 즉, 체포 후 일정 기간 내에 기소되고, 구류 명령도 마찬가지로 진행된다. 기소장은 제대로 전달되고, 피의자는 변호사를 둘 수 있다, 등등. 다시 말해, 모두들 법을 제대로 지켰기 때문에, 저마다 억울한 사연이 있는 것이다. 그러나 사실상 그들은 한 청년의 인생을 잔인하게 그리고 무의미하게 망쳐버렸으며, 이유라고 해봐야 아마도 청년이 출판 금지된 작가의 소설을 지하출판물로 은밀히 인쇄했거나, 경찰이 증거를 고의로 위조(모두가 알다시피, 판사에서부터 피고에게로)했기 때문일 것이다. 그러나 어찌된 일인지 이 모든 내용은 전부 뒤에 감추어져 있다. 허위 증거는 재판 서류에 딱히 뚜렷하게 명시되지 않으며, 불법 선동에 관한 형사법 부분에는 금지된 소설 출판에 대한 기소 신청을 공식적으로 배제하지 않는다. 다시 말해, 법규는 — 적어도 여러 영역에서 — 단지 허울, 즉 세상에 드러내는 외양에 지나지 않는다. 그렇다면 법규는 왜 있는 걸까? 그 이유는 바로 이데올로기의 존재 이유와 같다. 즉, 체제와 개인 사이에 구실이라는 다리를 놓고, 개인이 권력 기관에 들어가 권력의 독단적인 요구에 기여하기 쉽게 만들기 위해서다. 이 구실은 개인에게 자신은 단지 법을 지킴으로써 범죄로부터 사회를 보호하고 있다고 생각하도록 개인을 기만한다. (이런 구실이 없다면, 새로운 세대의 판사, 검사, 심문관을 모집하기가 얼마나 어렵겠는가!) 그러나 세상에 드러낼 외양으로서 법은 검사의 양심만 속이는 것이 아니라, 대중을 속이고, 외국의 관찰자들을 속이며, 심지어 역사 자체를 속인다.

이데올로기와 마찬가지로 법규는 권력 기관 외부에서 이루어지는 의례적인 의사소통의 핵심 수단이다. 권력 행사에 일종의 형식, 틀, 일련의 규칙을 부여하는 것이 바로 법규이다. 법규는 체제의 모든 구성요소가 서로 의사를 전달하여 스스로를 유리한 입장에 놓이게 하며, 자신의 합법성을 확립하게 해준다. 법규는 전체 게임에 규칙을 부여하고, 기술자들에게 기술을 제공한다. 이러한 일반적 의례가 이 모든 것을 가능하게 하여 권력 기관의 관련 분야를 한데 묶는 공통 언어의 역할을 하지 않는다면, 후기 전체주의의 권력 행사를 상상이나 할 수 있을까? 권력 기구 내부의 탄압 기관이 차지하는 위치가 중요할수록, 일종의 공식적인 규정에 따라 그 기관의 기능도 중요해진다. 그렇지 않다면, 판사도, 검사도, 심문자도, 변호사도, 법원 속기사도, 두꺼운 서류도 없었다면, 이 모두가 단호한 명령에 의해 한데 힘을 합하지 않았다면, 고작 금서를 출판했다는 이유로 그렇게 쉽게, 쥐도 새도 모르게 감금될 수 있었을까? 그리고 무엇보다도, 얼핏 봐서는 평범해 보이는 폭동에 관한 100번 조항이 없었다면 그럴 수 있었을까? 물론 법률과 부속 조항이 없이도 충분히 그럴 수 있겠지만, 그런 일은 우간다 조폭이 잠시 다스리던 독재 정부에서나 가능한 일이지, 수많은 문명화된 인류를 아우르고, 현대 세계 중 통합적이고 안정적이며 훌륭하다고 평가되는 지역을 대표하는 체제에서는 결코 있을 수 없는 일이다. 그런 일은 생각할 수도 없을뿐더러, 기술적으로도 전혀 불가능하다. 법이 의례적인 결집력의 역할을 하지 않았다면 후기 전체주의 체제는 존재할 수 없었을 것이다.

　의례적인 일, 허울, 구실의 모든 역할은 시민이 하지 않을 행위, 기소의 근거들이 정리되어 있는 법의 금지 조항이 아니라, 시민이 할 수도 있는 행위와 시민의 권리가 명시된 조항에 매우 설득력 있게 표현되어 있다. 여기에는 그야말로 오직 "말, 말, 말"만 있다. 그러나 법에서는 이 부분조차 체제에 대단히 중요한데, 체제가 시민 앞에, 어린 학생들 앞에, 세계의 대중 앞에, 그리고 역사 앞에 전체로서 그 합법성을 확립하는 부분이 바로 이 부분이기 때문이다. 체제는 그 존재의 가장 본질적인 이데올로기에 대한 기본 가정에 의구심을 제기하도록 허용하지 않으므로, 이 부분을 소홀히 할 수 없다. (우리는 권력 구조가 스스로의 이데올로기와 이데올로기의 위세에 어떻게 사로잡히게 되는지 이미 보았다.) 그렇게 되면 체제가 드러내려 애쓰는 모든 것이 부인되고, 체제의 바탕이 되는 주요 토대 중 하나, 즉 세상에 드러내는 완벽한 외양이 손상될 것이다.

　피가 정맥을 통해 흐르는 것처럼 행사되는 권력이 권력 구조 전체를 흐른다고 한다면, 법규는 정맥 벽을 강화하는 어떤 것으로 이해될 수 있을 것이다. 법규가 없다면 권력이라는 혈액은 체계적인 방식으로 순환할 수 없고, 사회라는 몸은 마구 출혈을 일으켜 결국 질서가 무너질 것이다.

　사람들이 법 ─ 인권에 관한 법뿐 아니라 모든 법 ─ 을 향해 끊임없이 끈질기게 호소하는 것은, 그들이 우리 체제에서 법은 법이 아닌 다른 무엇이라는 환상에 굴복한다는 의미가 결코 아니다. 그들은 법의 역할을 아주 잘 알고 있다. 그러나 그들은 체제가 법에 ― 즉 법의 "숭고한" 형태에 ― 얼마나 필사적으로 의지하는지 정확하게 알기에, 그 같은 호소가 매우 중요하다는 것도 잘 알고 있다. 체제는 법 없이는 돌아갈 수 없고, 법이 준수되는 척할 필요성에 어쩔 수 없이 매어 있기 때문에, 그러한 호소에 어떻게든 반응을 보일 수밖에 없다. 그러므로 법 준수를 요구하는 행위는 진리 안에서의 삶을 실천하는 것으로, 거짓이 최대한 커지는 지점에서 거짓된 구조 전체를 위협한다. 그러한 호소는 사회에, 그리고 권력 구조 안에 사는 사람들에게 순전히 의례적인 법의 성격을 명확하게 드러낸다. 또한 이 호소는 법의 진정한 물질적 본질에 주목하고, 그리하여 법의 뒤에 피신하는 모든 이들에게 이 구실의 기관이자 소통의 수단이며 강화된 사회의 동맥을 지지하고 신뢰하도록 간접적으로 강요한다. 법의 테두리를 벗어나면 그들의 의지가 사회 전체에 퍼질 수 없다고 말이다. 그들이 부득이 법에 호소할 수밖에 없는 이유는 스스로 양심을 지키기 위해, 그리고 외부인들에게 좋은 인상을 심어주기 위해서이다. (체제의 일부로서 자기보호의 메커니즘이자 결속의 원리인) 권력 안에서 스스로를 지키기 위해서이며, 혹은 단순히 이 의례적인 형식을 세련되게 다루지 못한다는 비난을 받을까 두려워서이다. 그들은 달리 선택의 여지가 없다. 그들은 자신의 게임의 법칙을 폐기할 수 없으며, 이 법칙에 보다 신중하게 참여할 수 있을 뿐이기 때문이다. 이 도전에 응하지 않는 것은 그들 자신의 평계를 허물고, 상호간 의사소통 시스템의 통제력을 상실한다는 걸 의미한다. 법은 단순히 허울이고, 아무런 타당성이 없으며, 따라서 법에 대한 호소는 부질없는 짓이라고 가정하는 것은, 허울과 의례적인 형식을 만들려는 법의 양상을 계속해서 강화시키는 것을 의미할 것이다. 그리고 그것은 법이 세계에 드러내기 위한 외양일 뿐임을 확인한다는 것을, 법을 활용하는 사람들을 가장 저렴한 (그러므로 가장 허위적인) 변명의 형식으로 안심하게 만든다는 것을 의미할 것이다.

나는 경찰이나 검사, 판사들이 — 경험이 풍부한 77헌장 지지자나 용감한 변호사를 상대할 때, 그리고 (더 이상 조직의 익명성에 보호받지 못하고, 이름을 지닌 개인으로) 대중의 관심에 노출될 때 — 갑자기 불안해하며 의례에 금이 가지 않도록 각별히 주의를 기울이는 모습을 자주 목격했다. 그런다고 해서 의례 뒤에 포악한 권력이 숨어 있다는 사실이 달라지는 건 아니지만, 관료들은 불안의 존재만으로도 필연적으로 횡포를 규제하고 제한하며 늦추기 마련이다.

물론 이 정도로는 충분하지 않다. 그러나 "반체제적" 태도의 핵심은 이 태도가 현재 이곳에 사는 인간의 현실에서 나온다는 것이다. 이 태도는 불확실한 미래에 대한 관념적이고 근본적인 해결책에 비중을 두기보다는, 자주 반복되고 일관된 구체적인 행동 — 비록 그 행동이 부적절하고, 하찮은 일개 시민의 고통을 겨우 미미하게 덜어줄지라도 — 에 더 큰 비중을 둔다. 아무튼 이것은 처음엔 "반체제적" 태도와 확연하게 모순되는 것처럼 보였던, 마사리크의 정신에 입각한 "소규모 작업"의 또 다른 형태가 아닐까?

이 부분은 법을 곧이곧대로 믿게 하는 정책에 어떤 내부적인 한계가 있음을 강조할 때 비로소 완벽하게 이해될 것이다. 요점은 이렇다. 아무리 이상적인 사례를 든다 해도, 결국 법은 우리 삶에서 더 나쁜 것으로부터 더 나은 것을 지켜주기 위한 여러 가지 불완전하고 다소 외부적인 방법 가운에 하나에 불가하다는 것. 법은 결코 혼자서는 더 나은 것을 만들어낼 수 없다. 법의 목적은 서비스를 제공하는 것으로, 법 자체로는 아무런 의미가 없다. 법에 대한 존중을 확고히 한다고 해서, 더 나은 삶이 저절로 보장되지는 않는다. 더 나은 삶이란 결국 사람을 위한 과제이지 법과 제도를 위한 과제가 아니다. 충분히 존중받는 좋은 법이 있는 사회를 상상할 수는 있지만, 그런 사회에 사는 건 불가능하다. 반대로, 법이 불완전하고 불완전하게 적용되는 사회에서조차 얼마든지 견디며 사는 것은 상상하기 어렵지 않다. 가장 중요한 것은 언제나 삶의 질이며, 단순히 법을 지키느냐 마느냐의 문제뿐만 아니라 법이 생활을 향상시키느냐 억압하느냐의 여부다. (종종 엄격한 법 준수는 인간의 존엄에 처참한 타격을 줄 수 있다.) 인간적이고 존엄하며 풍요롭고 행복한 삶의 핵심은 헌법이나 형사법에 있지 않다. 이것들은 단지 해도 되는 일이나 해서는 안 되는 일을 정해주고, 따라서 삶을 더 쉽거나 어렵게 만들 수 있을 뿐이다. 제한하거나 허용하고, 처벌하거나 용인하거나 옹호할 수는 있지만, 결코 삶의 본질이나 의미를 제공할 수는 없다. 이른바 "합법성"을 향해 투쟁하려면, 그야말로 실제 삶을 배경으로 한 관점에서 지속적으로 이 합법성을 유지해야 한다. 아름다움과 고통과 같은 진정한 삶의 차원을 눈을 크게 뜨고 지켜보지 않으면, 그리고 삶과 도덕적 관계를 맺지 않으면, 이런 투쟁은 조만간 현학적인 제도의 자기 정당화라는 암초에 부딪치게 될 것이다. 진정으로 투쟁을 원하지 않으면, 우리는 점점 재판 서류에만 근거해 체제에 대해 결론을 내리고, 해당 규정들이 모두 잘 준수되었다고 만족하는 관찰자와 같아질 것이다.

XVIII

"반체제" 운동의 기본 과제가 진리에 기여하는 것이라면, 다시 말해 삶의 진정한 목적에 기여하는 것이라면, 그래서 개인과 개인의 자유와 진실한 삶을 향한 권리를 옹호하는 방향으로 (즉, 인권 옹호와 법의 훌륭한 면모를 찾기 위한 몸부림으로) 필연적으로 발전하게 된다면, 그렇다면 이 접근 방법의 다음 단계는 바츨라프 벤다 Václav Benda (바츨라프 하벨과 더불어 77헌장의 발기인이자 첫 서명자들 중 한 명 — 옮긴이)가 말한 "병행 조직 parallel structures"(체코의 반체제 시민헌장인 77선언과 관련해 체코의 정치 사상가와 바츨라프 벤다 등이 병행 정치라는 새로운 사회정치 개념을 만들었고, 병행 조직은 그것을 실천하는 시민조직을 뜻한다 — 옮긴이)의 발전으로, 아마도 지금까지 단계 중 가장 성숙한 단계일 것이다.

진리 안에서 살기로 결정한 사람들이 기존의 사회 구조에 참여하는 기회는 말할 것도 없고 이 구조에 어떠한 직접적인 영향을 미치는 것조차 거부할 때, 이들이 이른바 독립적인 사회적 삶을 창조하기 시작할 때, 이 독립적인 삶은 특정한 방식으로 자연스럽게 구조화되기 시작한다. 때로는 이 구조화 과정의 가장 초기적인 조짐들만 드러나기도 하고, 때로는 이미 구조화가 충분히 무르익기도 한다. 구조화의 발생과 진화는 "반체제"라는 현상과 떨어뜨려 생각할 수 없다. 비록 그것이 이 용어가 일반적으로 가리키는 임의적으로 정의된 활동 영역과 한참 떨어진 곳을 향하고 있지만 말이다.

그렇다면 구조화란 무엇일까? 이반 마르틴 이로우스Ivan Martin Jirous(체코슬로바키아의 미술비평가, 시인, 플라스틱 피플 오브 더 유니버스Plastic People of the Universe 록 밴드의 리더 — 옮긴이)는 체코슬로바키아에서 처음으로 "제2의 문화second culture"라는 개념을 만들어 실제로 적용했다. 처음에 그는 주로 반항적인 록 음악과 그와 유사한 감성을 지닌 특정한 문학 행사나 예술 행사 및 공연에 대해서만 생각했다. 그러나 "제2의 문화"라는 용어는 억압된 독립 문화 전 영역, 다시 말해 예술과 다양한 예술적 경향뿐 아니라 인문학, 사회과학, 철학적 사고에 이르기까지 전체 영역에 매우 빠른 속도로 퍼지며 사용되었다. 매우 당연한 사실이지만, 이 제2의 문화는 기초적인 조직의 형태를 형성했다. 책과 잡지의 지하출판물 판본, 개인적으로 이루어지는 공연과 콘서트, 세미나, 전시 등등. (폴란드에서는 이런 모든 분야가 더욱 크게 발전해, 독립 출판사와 수많은 정기간행물, 심지어 정치 분야의 정기간행물이 있으며, 사본을 만드는 등의 방식 외에도 여러 가지 확산 수단을 가지고 있다. 소련에서는 지하출판물의 전통이 더욱 오래되어 그 형태가 확실히 크게 다르다.) 그러므로 문화는 가장 고도로 발달된 형태에서 관찰되는 병행 조직에 속한 영역이다. 물론 벤다는 병행 정보 네트워크에서부터 병행 교육 형태(사립대학들), 병행 노동조합, 병행 대외 관계, 병행 경제에 관한 일종의 가설에 이르기까지 다른 영역에 속하는 이 같은 구조의 잠재적 혹은 초보적 형태도 염두에 둔다. 이러한 병행 조직을 기반으로 벤다는 이제 "병행 폴리스 parallel polis" 즉 병행 국가에 대한 개념을 발전시키는데, 정확히 말하면 그는 병행 조직 안에서 그와 같은 폴리스(고대 그리스의 민주주의 도시국가 — 옮긴이)의 기초를 내다본다.

특정한 발전 단계에 이르면, 독립적인 사회적 삶과 "반체제" 운동은 어느 정도 조직화와 제도화를 피할 수 없게 된다. 이것은 자연스러운 성장 과정이며, 독립적인 사회적 삶이 여러 가지 방식으로 철저히 억압되어 제거되지 않는다면 이 경향은 계속 이어질 것이다. 병행적인 정치적 삶 역시 마찬가지로 필연적으로 전개될 터이며, 사실상 체코슬로바키아에 이미 어느 정도 자리 잡고 있다. 다소 정치적인 성격을 지닌 다양한 집단들 또한 계속해서 스스로를 정치적으로 정의하고 서로 대립하고 행동할 것이다.

이 병행 조직은 지금까지 말한 진리 안에서의 삶과 가장 분명한 표현이라고 말할 수 있을 것이다. "반체제" 운동이 스스로 설정한 가장 중요한 과제 중 하나가 바로 병행 조직을 지지하고 발전시키는 것이다. 다시 말하지만 이것은, 체제의 압력에 저항하기 위한 사회의 모든 시도는 "정치 이전"의 영역에 그 근본적인 시작이 있음을 보여준다. 그 나름의 목적과 조화를 이루는 삶, 그래서 그 나름의 목적과 조화를 이루는 구조가 가능한, 다른 삶을 살 수 있는 영역 외에 병행 조직이 존재할 이유는 무엇일까? 사회적 자기조직화를 위한 저 최초의 시도는, 사회의 일부분이 ― 하나의 사회로서 ― 진리 안에서 살려는 노력 외에 무엇이겠는가? 전체주의의 자기 지속적인 양상을 제거함으로써 스스로를 후기 전체주의 체제로부터 근본적으로 뿌리 뽑으려는 노력 외에 무엇이겠는가? 사람들이 자기 안의 체제를 무효화하기 위해, 그래서 새로운 기초 위에, 즉 더 적절한 정체성 위에 자기 삶을 확립하기 위해 비폭력을 시도하는 것 외에 달리 무엇이겠는가? 그리고 이런 경향은 실제의 개인에게 초점을 돌린다는 원칙을 다시 한번 확인하는 것이 아닐까? 결국 병행 조직은 (관련된 정치적 당파가 없는) 체제 변화에 대한 이론적 전망에서 선험적으로 자라나는 게 아니라, 삶의 목적과 실제 개인의 진정한 필요로부터 발전하는 것이다. 사실 체제에서 일어나는 모든 최종적인 변화들은, 즉 우리가 현재 가장 기본적인 형태에서 관찰할 수도 있는 변화들은 이를테면 사실상 "아래"에서부터 일어났다. 삶이 변화를 일으키는 것이지, 삶 이전에 변화가 나타나 삶을 지휘하거나 삶에 변화를 받아들이도록 강요하는 것은 아니기 때문이다.

개인의 삶에서 진정으로 의미 있는 출발점은 대개 삶에 관한 보편적 요소를 지니고 있음을, 우리는 역사적 경험을 통해 알고 있다. 다시 말해, 그것은 한정된 공동체들만 접근할 수 있는 어떤 것, 다른 삶으로는 전파할 수 없는 불완전한 무엇이 아니다. 그와 반대로 잠재적으로 모든 이가 그것에 쉽게 다가갈 수 있어야 한다. 그것은 보편적인 해결책을 예시해야 하고, 따라서 개인이 자기 자신에 대한 그리고 자기 자신만을 위해 갖는 내향적이고 자족적인 책임의 표현인 동시에, 세계에 대한 그리고 세계를 위한 책임의 표현이기도 하다. 그러므로 병행 조직과 병행 폴리스에 대해, 일종의 게토로 도피해 고립된 활동을 지향함으로써, 그쪽으로 방침을 결정하고 그 나머지에는 무관심한 사람들의 복지만을 호소하는 것이라고 이해하는 것은 크게 잘못된 생각일 것이다. 요컨대 본질적으로 이것을 보편적인 상황과 전혀 관련 없는 어느 한 집단의 해결책으로 여기는 것은 잘못된 생각이다. 이 같은 생각은 애초부터, 다른 사람을 향해 관심을 갖는 진리 안에서의 삶이라는 개념을 올바른 출발점으로부터 멀어지게 만들어, 결국엔 거짓 안에서의 삶이라는 더 약삭빠른 견해로 변형시킨다. 그 결과 이것은 당연히 더 이상 개인과 집단을 위한 진정한 출발점이 되지 못하고, "반체제 인사들"에 대해 그들만의 관심사를 갖는 배타적인 집단, 권력자들과 단독으로 대화를 이어가는 집단이라는 잘못된 개념을 떠올리게 할 것이다. 아무튼 병행 조직이라는 가장 고도로 발달한 삶의 형태조차, 병행 폴리스라는 가장 성숙한 형태조차, ― 적어도 후기 전체주의 환경에서는 ― "먼저" 개인이 수많은 다양한 관계를 통해 공적 조직에 동시에 머물 때 비로소 존재할 수 있다. 공적 조직에서 개인이 하는 일이라고는 그들이 만든 상점에서 필요한 물건을 구입하고, 그들이 만든 돈을 사용하고, 그들이 만든 법을 준수하는 게 전부라 할지라도 말이다. 물론 더 기초적인 측면에서 병행 폴리스 내의 풍요로운 삶을 상상할 수는 있다. 하지만 마치 무슨 프로그램처럼 계획적으로 그렇게 사는 삶, 모두가 어떻게 해서든 살아야 하는 그런 삶은 거짓 안에서 사는 정신분열증적 삶의 또 다른 형태에 불과하지 않을까? 모범적인 해결책이 아닌 출발점, 다른 사람에게 적용할 수 없는 출발점은 어떠한 개인에게도 무의미하다는 더욱 확실한 증거가 아닐까? 파토츠카는 책임에 관한 가장 흥미로운 점은 우리는 어디에서나 책임을 지녀야 하는 것이라고 말하곤 했다. 이 말은 곧 책임은 우리 소유이므로, 우리는 지금, 여기, 바로 이 장소와 시간에서, 하느님이 우리를 내려놓은 이 공간에서 책임을 받아들이고 붙잡아야 한다는 의미이며, 거짓말을 해서 인도의 아쉬람이든 병행 폴리스든 다른 장소로 이동할 수 없다는 의미다. 서양의 젊은이들은 인도의 수도원으로 도피하는 것이 개인이나 집단의 해결 방법이 되지 못한다는 사실을 종종 발견하는데, 그 분명하고도 유일한 이유는 모두가 아쉬람으로 물러가 살 수는 없는 만큼 그런 은둔 생활에는 보편성이라는 요소가 결여되어 있기 때문이다. 이와 정반대의 예로는 기독교를 들 수 있다. 기독교는 지금 여기의 나에게는 출발점이 될 수 있을 것이다. 단지 누구나 언제 어디서든 이용할 수 있다는 이유에서 말이다.

다시 말해, 병행 폴리스는 그 자체의 의미를 넘어서서, 전체에 대한 그리고 전체를 위한 책임을 심화하는 행위로서만, 책임을 회피하기 위해서가 아니라 책임을 지기 위해 가장 적합한 장소를 발견하는 방식으로서만 의미가 있다.

XIX

앞에서도 이야기한 것처럼, 진리 안에서의 삶이 정치적으로 가능한지, 그리고 진리 안에서 사는 것의 특정한 표출 방식이 언제 어떻게 실질적인 변화로 이어질 수 있는지에 대한 예측에는 여러 가지 한계가 있다. 이와 관련하여 위험을 측정하려는 시도가 얼마나 부적절한지에 대해서도 이야기했다. 독립적인 자주성의 본질적인 특징은 이 자주성이 항상, 적어도 처음에는 전부 아니면 전무인 일종의 도박이기 때문이다.

그럼에도 불구하고 "반체제" 운동에 의해 이루어진 작업들의 개요는, 아주 일반적이더라도, 이 작업이 실제로 사회에 영향을 미칠 수 있는 여러 가지 방법 중 일부를 고려할 때에야 비로소 완벽해질 것이다. 다시 말해, 전체에 대한 그리고 전체를 위한 책임이 실제 상황에서 실현될 수도 있는(반드시 그래야 한다는 의미는 아니지만) 방법들을 고려해야 한다.

무엇보다 먼저 독립적인 사회적 삶으로 이루어진 전체 영역과, 또한 보통 말하는 "반체제" 운동은, 후기 전체주의 체제하에 있는 국가들의 역사에 영향을 미칠 수 있는 결코 유일한 잠재적 요인이 아니라는 사실이 더욱 강조되어야 한다. 그러한 사회들에 잠재된 사회적 위기는 반체제 운동 여부와 관계없이 어느 때든 광범위한 종류의 정치적 변화를 일으킬 수 있다. 이 위기는 권력 구조를 불안하게 만들어 감추어진 다양한 대립 양상들을 자극하거나 가속화시키고, 그 결과 인적 변화나 개념적 변화를 일으키거나 하다못해 "점층적인" 변화라도 일으킨다. 이 위기는 삶의 전반적인 분위기에 상당한 영향을 미치고, 예상하지 못한 뜻밖의 사회적 불안과 폭발적인 불만을 야기할 수 있다. 국가 간 연합의 중심에서 일어나는 권력 이동은 여러 가지 방식으로 각기 다른 나라들의 조건에 영향을 미칠 수 있다. 경제적 요인은 당연히 중요한 영향을 미치고, 더 광범위한 전 세계 문명의 동향 또한 마찬가지다. 근본적인 변화와 정치적 혼란의 근원이 될 수 있는 매우 중요한 영역은 국제 정치, 다른 초강대국과 기타 국가들이 채택한 정책들 및 변화하는 국제적 이권과 우리 블록이 취하는 입장 등으로 대표된다. 앞에서 말했듯이, 후기 전체주의 체제의 지도층 인사들이 갖는 중요성을 과대평가해서는 안 되지만, 가장 높은 지위에 있는 사람들 역시 중요한 의미를 지닌다. 이처럼 많은 영향들과 그 영향들의 결합이 있으며, "반체제" 운동의 궁극적인 정치적 영향은 이러한 보편적인 배경과 비교할 때에만, 그리고 이 배경이 제공하는 맥락 안에서만 생각할 수 있다. 이 영향은 정치적 발전에 영향을 미치는 많은 요인들(가장 중요한 요인은 결코 아니지만) 중 하나일 뿐이며, 아마도 그 본질적인 중심은 사람을 옹호한다는 관점에서 정치적 발전을 숙고한다는 점, 그리고 이 숙고를 즉시 적용하려 시도한다는 점에서만 다른 요인들과 다르다.

앞에서 보았듯이, 이 운동이 겉으로 드러내는 주된 목적은 언제나 사회에 영향을 미치는 것이지, 권력 기관에 적어도 즉시 영향을 미치는 것은 아니다. 독립적인 자주성은 감추어진 영역을 다룬다. 이 자주성은 진리 안에서의 삶이 인간적 사회적 대안임을 입증하고, 그러한 삶이 가능한 공간을 확장하기 위해 투쟁한다. 이 자주성은 비록 간접적인 도움일지언정 시민의 자신감을 고취하기 위해 돕는다. 이 자주성은 세계의 겉모습을 산산조각 부서뜨려 권력의 실체를 드러낸다. 이 자주성은 메시아 역할을 자처하지 않는다. 이 자주성은 사회의 전위 예술가도, 혼자만 가장 많이 아는 엘리트도 아니며, "의식 없는" 대중의 "의식을 높이는" 것이 과제이다. (역시나 "의식 없는" 대중의 오만한 자기 투영은 기본적으로 다른 사고방식의 본질적인 특징으로, 자신이 어떤 이상적인 프로젝트에 특권을 가지고 있으므로 사회에 그 특권을 부과할 권리가 있다는 식이다.) 또한 이 자주성은 누구도 인도하길 원치 않는다. 이 자주성은 자신의 경험과 일을 통해 무엇을 취할지 말지에 대해 각 개인에게 결정을 맡긴다. (체코슬로바키아 공식 선전 기관이 77헌장 지지자들을 "스스로 임명된 자들"이라고 폄하했다면, 그것은 그들의 전위 예술적인 야망을 강조하기 위해서가 아니라, 오히려 정권 자신의 생각을 드러내는 자연스러운 표현이자 자기 기준에 따라 다른 사람들을 재단하려는 경향이다. 그들은 비판의 표현 이면에서 "인민의 이름으로" — 정권 자신이 수년간 이용해온 것과 같은 구실로 — 강자를 자리에서 내쫓고 그들 대신 지배하고자 하는 욕망을 자동적으로 발견하기 때문이다.)

그러므로 반체제 운동은 주로 사회의 감추어진 영역을 다루기 때문에, 언제나 사회 전체의 일부로서 권력 기관에 매우 간접적으로 영향을 미친다. 그것은 현실 권력의 수준에서 정권에 맞서는 문제가 아니기 때문이다.

우리는 반체제 운동이 보여줄 수 있는 여러 가지 효과 중 하나를 앞에서 살펴보았다. 법에 대한 자각과, 법이 준수되는지 지켜보는 책임에 대한 자각이 간접적으로 강화된다고 말이다. 물론 이것은 훨씬 광범위한 영향력, 즉 진리 안에서의 삶에서 느끼는 간접적인 압력에 대한 유일하고 구체적인 예다. 자유로운 생각, 대안적인 가치관, 대안적인 행동에 의해 야기된, 그리고 독립적인 사회적 자기실현에 의해 야기된 압력 말이다. 권력 구조는 원하든 원하지 않든 어느 정도는 늘 이 압력에 반응해야 한다. 그러나 이 반응은 항상 억압과 조정이라는 두 범주에 제한된다. 때로는 억압이 우세하고, 때로는 조정이 우세하다. 예를 들어, 폴란드의 "플라잉 대학교 flying university(러시아 제국의 통제를 받던 당시 폴란드 국가 이데올로기를 지키기 위해

1885년부터 1905년까지 운영되던 지하 교육기관 ― 옮긴이)"는 점차 심하게 박해를 받게 되었고, "플라잉 대학교의 강사들"은 경찰에 구금되었다. 그러나 동시에 기존의 정규 대학교 교수들은 지금까지 금기시되어온 여러 과목을 가르치며 교과 과정의 질을 높이려 애썼는데, 이것은 "플라잉 대학교"에 의해 간접적으로 압력이 가해진 결과였다. 이러한 조정의 동기는 이상적인 동기(감추어진 영역은 일종의 메시지를 받고 양심을 느끼면서 진리에 대한 의지가 일어난다는)에서부터 순전히 실용적인 동기에 이르기까지 다양할 수 있다. 즉, 정권은 생존본능에 의해 사람들의 생각과 정신적 사회적 분위기가 달라지고 있음을 당연히 눈치채고, 그에 따라 융통성을 갖고 반응한다. 이 동기들 중 어떤 것이 특정한 순간에 지배적으로 작용하는지는 최종 결과의 측면에서는 중요하지 않다.

조정은 정권의 반응 가운데 적극적인 범주로, 형태와 단계에서 광범위한 스펙트럼을 지닐 수 있고 대개는 지닌다. 일부 집단은 "병행적인 세계"에 속한 사람들의 가치관을 공적 조직 안에 통합시켜 그 가치관을 점유한 뒤, 그 가치관을 흉내 내면서 스스로 그것과 조금 닮으려 하는 동시에 그것이 자신과 비슷해지도록 애쓸 수도 있다. 그런 식으로 명백히 불안정한 불균형을 조절하려 하는 것이다. 1960년대에 진보적 공산주의자들은 인정받지 못한 특정한 문화적 가치와 현상을 "발견"하기 시작했는데, 이는 위험이 없지 않지만 긍정적인 진전이었다. "통합된" 혹은 "도용된" 가치들은 독립성과 독창성이라는 중요한 무언가를 잃은 채 공식성과 순응성이라는 망토를 뒤집어써서 신뢰가 다소 약화되었기 때문이다. 이후 단계부터 이 조정은 공식적 구조에 의해 궁극적인 목표의 측면과 구조적인 측면 둘 다에서 개혁을 위한 다양한 시도로 이어질 수 있다. 이런 식의 개혁은 대개 미봉책으로서, 삶에 대한 기여와 후기 전체주의의 자동 작용에 대한 기여를 결합해 현실적으로 조화를 꾀하려는 시도이다. 그렇다고 이런 개혁이 다르게 진행될 수는 없다. 이런 개혁은 진리 안에서의 삶과 거짓으로 사는 삶 사이에 애초에 그어진 분명한 경계선을 흐리게 만든다. 이런 개혁은 환경에 연막을 드리우고 사회를 혼란스럽게 만들어 사람들이 본래의 태도를 유지하기 어렵게 만든다. 물론 이런 개혁은 새로운 공간을 확장시키기 때문에, 결과적으로는 언제나 이롭다는 사실에는 변함이 없다. 그렇지만 이런 개혁은 "허용 가능한" 타협안과 "허용 불가능한" 타협안 사이의 구분을 더욱 어렵게 만든다.

조정의 더 높은 다음 단계는 공적 조직에서 일어나는 내적 분화의 과정이다. 이 구조들은 다소 제도화된 수많은 형태에 열려있는데, 진정한 삶의 목표들이 그것을 요구하기 때문이다. (예를 들어, 신생 출판사, 집단의 정기간행물, 예술가 집단, 병행 연구소와 작업장 등은 집중화되고 제도화된 문화적 삶의 기반을 바꾸지 않고도 아래로부터의 압력에 의해 등장할 수 있다. 또 다른 예는, 전형적인 후기 전체주의의 "전송 벨트transmission belt (레닌주의의 개념으로 볼셰비키 당국, 프롤레타리아 대중, 그리고 전체 노동 인구 사이의 관계에 대한 비유적인 모형 — 옮긴이)"로서 정부가 운영하는 거대한 단일체인 청소년 조직이다. 이 조직은 실질적인 필요의 압력에 의해 대학생 연합, 중학생 연합, 근로 청소년 단체 등과 같은 다소 독립적인 무수한 기관들로 분화된다.) 아래로부터의 주도권을 느낄 수 있는 이 같은 종류의 분화와 새로운 구조의 외양과 성격 사이에는 직접적인 관계가 있다. 이 새로운 구조들은 이미 병행적이거나 상당히 독립적인 동시에 공적 기관에 의해 다양한 수준에서 존중받거나 최소한 용인된다. 새로운 구조들은 삶의 진정한 필요에 맞춰 조정되고 완화된 공적 조직들을 능가한다. 이 구조들은 삶의 진정한 필요를 직접 표현한 것이며 이미 존재하고 있는 것들 속에서 자기 자리를 요구하고 있다. 다시 말해, 이 구조들은 스스로 조직화하려는 사회의 경향이 그대로 표출된 것이다. (1968년 체코슬로바키아에서 이런 형태의 기관으로 가장 많이 알려진 것으로는 헌신적인 비공산주의자 모임인 KAN과 전 정치범 단체인 K231이 있다.)

이 과정의 궁극적인 단계는 공적 조직들, 즉 후기 전체주의 자동 작용에 기여하고 그 역할을 수행한다는 이데올로기로 만들어진 체제의 기관들이 시들어 하나씩 죽어가고, 대신 아래로부터 진화된 새로운 조직들이 그 자리를 차지하여 근본적으로 다른 방식으로 태어나는 것이다.

삶의 목표가 여러 일반 조직에서 정치적 변화를 일으키거나 사회의 모든 계층에서 조작 기술이 미치는 영향력을 약화시킬 수 있는 여러 가지 방식들을 분명히 상상해볼 수 있겠다. 여기에서는 1968년 무렵 우리가 체코슬로바키아에서 직접 경험한 것처럼, 실제로 여러 일반 조직들이 어떻게 변화되었는지만 언급하겠다. 우선 이 모든 구체적 사례들은 특정한 역사 과정의 일부로서, 유일한 대안으로 간주되거나 필연적으로 반복 가능한 것으로 여겨져서는 안 된다. 우리나라의 경우 특히 더 그렇다는 것을 덧붙여야겠다. 물론 이 사실이 그 중요성을 폄하하는 것은 아니다. 오늘날에도 여전히 그 안에 담긴 보편적인 교훈을 구하고 찾고 있으니 말이다.

1968년 체코슬로바키아의 상황에 대해 말이 나온 김에 당시 특징적인 발전 양상의 일부를 짚고 넘어가는 것이 좋겠다. 처음엔 전반적인 분위기에서, 다음엔 개념적으로, 마지막으로는 구조적으로 일어난 모든 변화는 오늘날 나타나고 있는 병행 조직의 압력으로 일어난 게 아니었다. 공적 조직에 반대되는 것으로 분명하게 정의되는 병행 조직들은 당시에는 전혀 존재하지 않았으며, 현재 사용하는 의미에서의 "반체제 인사" 또한 존재하지 않았다. 당시에 일어난 변화들은 매우 다양한 형태로 이루어진 압력의 결과일 뿐이었고, 완전한 측면도 있고 불완전한 측면도 있었다. 좀 더 자유로운 형태의 사고, 독립적인 창작 활동, 정치적 표현들이 자발적으로 시도되었다. 기존 구조들을 이용하여 독립적인 사회적 삶을 퍼뜨리려는 장기적이고 자발적이며 무의식적인 노력들이 있었고, 주로 공적 조직들 주변부에서 조용히 독립적인 삶의 제도화가 시작되었다. 다시 말해, 이것은 사회적 자각이 일어나는 점진적인 과정이며, 감추어진 영역들이 서서히 드러나는 일종의 은밀한 과정이었다. (삶의 목표가 어떻게 생기는지를 언급하며 체코슬로바키아의 "은밀한 반혁명"에 관해 이야기하는 공식적인 선전에는 부분적인 진리가 있다.) 이러한 자각의 원동력이 반드시 정의할 수 있는 사회 환경이라고 여겨지는 독립적인 사회적 삶에서만 비롯될 필요는 없었다. (물론 아직 제대로 인정받지 못한 사실이지만 실제로 여기에서 비롯되었다.) 그 원동력은 공적 이데올로기와 자신을 다소 동일시하는 공적 조직에 속한 사람들이 실제로 현실의 벽에 부딪쳤다는 사실에서도 비롯할 수 있는데, 그들은 잠재된 사회 위기, 권력의 실체와 작동에 대한 쓰라린 경험을 통해 이 현실의 벽을 점차 뚜렷하게 실감했다. (이 지점에서 나는 공적 조직 안에서 수년간 세력을 키워온, 전혀 독단적이지 않은 개혁적인 공산주의자들을 주로 염두에 두고 있다.) 뚜렷하게 공적 조직의 바깥에 서 있으면서 공적 조직 일반으로부터 인정받지 못하는 오늘날의 "반체제" 운동의 시대에는 친숙한, "스스로 조직하는" 소수가 독립적인 주도성initiatives을 획득할 수 있는 어떠한 적절한 환경도 없었고 존재 이유도 존재하지 않았다. 당시 체코슬로바키아의 후기 전체주의 체제는 아직 오늘날의 고정적이고 안정적이며 무익한 형태, 즉 사람들에게 그들의 체계화 능력에 기대도록 강요하는 형태로 굳어지기 전이었다. 여러 가지 사회역사적 이유로, 1968년의 정권은 보다 개방적이었다. 스탈린주의의 폭정에 지친 권력 구조는 무력하게 고통 없는 개혁을 모색하며 필연적으로 내부에서 썩어가고 있었다. 그것은 변화하는 분위기에 대해서도, 젊은 이들이 상황을 바라보는 방식에 대해서도, 공적 영역과 사적 영역 사이에 놓인 광범위한 정치 영역에 갑자기 튀어나온, "정치-이전" 수준의 삶에 대한 수천 가지 진정한 표현에 대해서도 무엇 하나 똑똑한 반대 의견을 제시하지 못했다.

보다 일반적인 관점에서, 또 다른 전형적인 상황이 중요해 보인다. 1968년에 사회의 동요는 절정에 이르렀지만, 실질적인 구조적 변화의 측면에서 사실상 부차적인 중요성에 불과한 구조의 개혁이나 분화, 대체에서 한 발짝도 앞으로 나가지 못했다. 사회의 동요는 모든 경제적 힘이 정치적 힘에 종속되는 경제 모델은커녕, 후기 전체주의 체제 내의 권력 구조, 이를테면 사회 조직의 기본 원리인 정치 모델의 핵심에도 영향을 미치지 못했다. 군대, 경찰, 사법부 등 권력의 직접적인 수단 내에서는 어떠한 핵심적인 구조적 변화도 이루어지지 않았다. 이 수준에서 쟁점은 기껏해야 분위기, 사람, 정치노선의 변화, 무엇보다 권력 행사 방식의 변화 정도에서 그쳤으며, 그 밖의 것은 모두 논의와 계획의 단계에 머물렀다. 이와 관련하여 공식적으로 받아들여진 가장 크게 성공한 두 가지 프로그램은 1968년 4월 체코슬로바키아의 공산당 행동 계획, 그리고 경제 개혁에 관한 제안이었다. 그러나 행동 계획은——달리 방법이 없었겠지만——권력의 물리적 양상이 그대로 방치한 모순과 어중간한 조치들로 가득했다. 경제적 제안은 경제 분야 내에서 삶의 목적들을 수용하는 데에는 큰 도움이 된 반면(관심분야와 주도성, 적극적인 장려책, 경제적 지휘체계에 관한 규제 같은 수많은 개념들을 받아들였다), 생산 수단의 진정한 사회적 소유권자라기보다 경제력의 기본 중심인 정부의 원칙은 고스란히 그대로 두었다. 따라서 헝가리 폭동 시기 며칠을 제외하면, 후기 전체주의 체제에는 어떠한 사회 운동도 메울 수 없었던 간격이 있다.

그렇다면 미래에는 어떤 식의 발전적 대안이 나올 수 있을까? 이 질문의 답은 오직 추측의 영역에서나 가능할 것이다. 일단은 체제에 잠복해 있는 사회적 위기는 항상(또한 계속해서 그러지 않으리라고 믿을 이유는 없다) 다양한 정치사회적 혼란을 야기하고 있다고 말할 수 있겠다. (1953년 독일, 1956년 헝가리와 소련, 그리고 폴란드, 1968년 체코슬로바키아와 폴란드, 1970년과 1976년 폴란드) 모두 배경과 발전 과정, 그리고 최종 결과는 크게 다르다. 그러한 혼란을 야기한 다양한 요인이 무궁무진하다는 걸 알게 된다면, 우연한 사건들이 쌓이고 쌓이다 감추어진 영역 안에서 동요를 일으키고 마침내 그 영역을 훤히 드러내기까지의 과정은 전혀 예측 불가능하다는 걸 알게 된다면("최종 결정타"의 문제), 우리는 장기적 예측을 시도하면서 절망을 느낄 수밖에 없을 것이다. 또한 한편으로는 심화되는 "블록" 통합과 블록 내에서의 권력 확대와 다른 한편으로는 민족의식을 일깨워야 한다는 비-러시아 지역의 압력 아래에서(이와 관련하여 소련은 민족 해방을 위한 전 세계적인 투쟁에서 영원히 자유로워지리라 기대할 수 없다) 소련의 해체 가능성을 고려해볼 때, 장기적 미래 예측이 어렵다는 점에서 절망을 느낄 수밖에 없을 것이다.

어쨌든 나는 이런 종류의 예측은 "반체제" 운동에 아무런 직접적인 의미가 없다고 생각한다. 반체제 운동은 결국 예측에 근거한 사고를 통해 일어나는 것이 아니며, 따라서 운동을 예측에 기초하려는 것은 정체성의 근원으로부터 멀어지는 것을 의미한다.

이 같은 "반체제" 운동의 전망에 관한 한, 장차 이 운동이 발전해 서로 무관하며 상호작용하지 않는 두 고립된 조직, 즉 주류 폴리스와 병행 폴리스 사이의 지속적인 공존으로 이어질 가능성은 거의 없어 보인다. 현 상황이 달라지지 않는 한, 진리 안에서 살기 위한 실천은 체제에 위협이 될 수밖에 없으며, 극심한 갈등 없이 이 실천이 거짓 안에서 살기 위한 실천과 지속적으로 공존한다는 것은 도저히 상상할 수 없다. 현 상황을 유지하려는 후기 전체주의와, 전체를 위해 그리고 전체에 대해 새로운 책임의 중심으로 남으려는 독립적인 사회적 삶 사이의 관계는 잠재적으로든 개방적으로든 언제나 충돌하기 마련이다.

이러한 상황에서 가능성은 두 가지뿐이다. 하나는 후기 전체주의 체제가 계속해서 발전하는 것이다. (즉 계속해서 발전할 수 있게 되는 것이다.) 따라서 완벽한 조작이 가능한 한편, 진리 안에서의 삶을 더욱 분명하게 표현하는 모든 방식은 완전히 전멸되는 조지 오웰식 끔찍한 세계관에 다가갈 수밖에 없을 것이다. 다른 하나는 "반체제" 운동을 포함한 독립적인 사회적 삶(병행 폴리스)이 느리지만 분명하게 점점 중요한 사회 현상으로 발전해, 전반적인 상황에 점차 확실하게 영향을 미침으로써 사회의 생활 면면에 진정으로 참여하는 것이다. 물론 이것은 언제나 상황에 영향을 주는 많은 요인들 중 하나에 불과할 터이며, 다른 요인들과 조화를 이루어 배경에 어울리는 방식으로, 그리고 배경 안에서 작동할 것이다.

그렇다면 공적 조직을 개혁하는 데 중점을 두어야 할까, 아니면 해체를 장려하는 데 중점을 두어야 할까, 그렇지 않으면 공적 조직을 새로운 구조로 대체하는 데 중점을 두어야 할까? 그 의도는 체제를 개선하려는 것일까, 반대로 무너뜨리려는 것일까? 위의 질문과 이와 유사한 질문들은 괜히 제기하는 문제가 아닌 한 "반체제" 운동에 의해 제기될 수 있으며, 또한 이 운동이 구체적인 과제에 직면하는 등 특정한 상황의 맥락 안에 있을 때만 제기될 수 있다. 다시 말해, 반체제 운동은 삶에 꼭 필요한 것을 구체적으로 숙고한 뒤, 이를테면 즉석에서 문제를 제기해야 한다. 그러한 질문에 추상적으로 답하고, 가상의 미래에 관해 정치적 프로그램을 만드는 것은 곧 전통 정치의 정신과 방식으로 회귀하는 것을 의미한다고 믿는다. 그뿐만 아니라 이것은 본질적으로 그 자체이며 미래에 대해 가장 진정한 전망이 담긴 "반체제적" 작업을 제한하고 소외시킬 것이다. 앞에서 이미 여러 차례 강조했듯이 이 "반체제" 운동은 체제 변화를 꾀하기 위한 출발점은 없지만, 더 나은 삶을 위해 지금 이곳에서 매일같이 일어나는 실질적인 투쟁을 위해서는 출발점을 갖고 있다. 삶이 스스로 발견하는 정치적 구조적 체제는 늘— 적어도 미래의 어느 시기에는— 부분적으로 제한되고 만족스럽지 못하며, 약화된 전략에 의해 더럽혀질 게 분명하다. 당연히 그러기 마련이므로 우리는 그 점을 예상하여 그로 인해 위축되어서는 안 된다. 무엇보다 중요한 것, 즉 보다 자유롭고 진실하며 고요하고 품위 있는 삶을 살기 위해, 인간이 매일 아무런 보람 없이 치러야 할 결코 끝나지 않을 투쟁은 결코 그 자체에 제한을 두지 않는다. 결코 냉담하거나 모순되지도 않으며, 결코 스스로 정치적 전략에 걸려들어 그 행동 결과를 짐작하거나 미래에 대한 공상에 빠지지 않는다. 이 투쟁의 순수성은 후기 전체주의 구조와의 실제 상호작용에 관한 한 가장 최적의 결과를 보장한다.

XX

후기 전체주의 환경이 갖는 분명한 성격에는 — 정상적인 정치적 삶이 부재하고, 지대한 영향을 미치는 정치적 변화를 전혀 예측할 수 없다는 사실과 더불어 — 한 가지 긍정적인 측면이 있다. 즉 이 환경은 깊은 일관성의 측면에서 우리의 상황을 검토하게 하고, 포괄적이고 장기적인 전망의 맥락에서 우리가 속한 세계의 미래를 고려하게 한다. 인간과 체제 사이의 가장 본질적이고 핵심적인 대립은 전통적인 정치에서 일어나는 대립과는 비교할 수 없을 만큼 심각한 수준에서 일어나는데, 이 사실은 그러한 고려 사항들이 취할 방향도 동시에 결정하는 것 같다.

그러므로 우리의 관심은 필연적으로 가장 핵심적인 문제로 향하게 된다. 이 핵심 문제는 바로 현대 기술사회 전반의 위기, 하이데거가 세상의 기술력과 마주한 인류의 무능함이라고 묘사한 위기를 말한다. 현대 과학의 후손이며 이제는 현대 형이상학의 후손인 기술은 인류의 통제에서 벗어나 더 이상 우리에게 도움이 되지 않으며, 우리를 노예로 만들어 우리 스스로 파멸을 준비하도록 강요한다. 인류는 이제 벗어날 방법을 찾을 수 없다. 우리는 생각도 신념도 없으며, 하물며 인간의 통제 하에 상황을 되돌려놓을 정치관은 더 말할 것도 없다. 우리는 우리 손으로 만든 냉담한 기계가 막무가내로 우리를 사로잡아, 우리를 고유의 소속으로부터(가령, 생활권 내 서식지를 포함해 가장 넓은 의미에서의 서식지로부터) 몰아내는 것을 무력하게 바라본다. 이것은 마치 우리를 존재의 경험으로부터 떼어내 "생존"의 경험 속으로 던져넣는 것과도 같다. 이런 상황은 이미 다양한 각도에서 기술되어왔으며, 많은 개인과 사회 집단들이 이런 상황에서 벗어날 방법을 모색하기 위해(가령, 동양적 사고를 통해서 혹은 공동체를 형성해서) 수시로 아주 힘들게 노력을 기울여왔다. 이와 관련하여 보편성이라는 필수 요소(전체에 대한 그리고 전체를 위한 책임)가 포함된 어떤 일을 하려는 유일한 사회적 시도, 더 정확하게 말하면 정치적 시도가 있으니, 세계가 처한 혼란한 상황에서 절박하지만 희미한 목소리를 내는 생태 운동이다. 그러나 여기에서도 이 시도는 기술 독재를 반대하기 위한 기술 사용법이라는 특정한 개념에 한정되어 있다.

하이데거는 "이제는 오직 신만이 우리를 구원할 수 있다"고 말하면서 "다른 방식의 사고", 즉 수 세기 동안 철학이 해온 역할로부터의 일탈, 인류가 그 자신과 세계, 그리고 세계 내 자신의 위치를 이해하는 방식을 근본적인 바꾸어야 할 필요성을 강조한다. 그는 출구가 없다는 걸 알고 있기에, 권할 수 있는 것이라고는 "예상 가능한 일들에 대비하는 것"뿐이라고 말한다.

다양한 사상가들과 운동들은 아직 알려지지 않은 이 탈출구를 넓은 의미의 실존주의적 혁명으로 일반적으로 특징지을지 모른다. 나는 이 견해에 동의한다. 또한 몇 가지 기술적 솜씨, 다시 말해 변화를 향한 외적인 제안이나 철학적 사회적 기술적, 심지어 정치적 제안만으로는 해결책을 찾을 수 없다는 의견에도 동의한다. 물론 이 모두는 실존주의적 혁명에 의해 느낄 수 있고 또 느끼지 않을 수 없는 영역이지만, 아주 심오한 의미에서 인간의 실존만이 가장 고유한 영역이 될 수 있다. 그리고 바로 이것을 근거로 할 때에야 비로소 보편적으로 윤리적인, 그리고 물론 궁극적으로는 정치적인 사회 재편성이 가능하다.

이른바 소비 사회, 산업 사회(혹은 후기 산업 사회), 그리고 오르테가 이 가세트Ortega y Gasset(1883~1955, 스페인의 철학자—옮긴이)가 한때 "대중의 반란"이라고 이해한 것, 그밖에 오늘날 세계의 지적 도덕적 정치적 사회적 비극 등, 이 모든 것은 아마도 전 세계 기술 문명의 기계적 행위에 속수무책으로 끌려다니는 인류가 발견한 심각한 위기 양상 중 일부에 불과할 것이다.

후기 전체주의 체제는 이처럼 자기 환경의 주인이 되지 못하는 현대 인류의 보편적인 무능함을 드러내는 한 가지 양상,

특히 극단적인 양상으로, 따라서 그 실제 기원이 유독 잘 드러난다. 후기 전체주의 체제의 자동 작용은 전 세계적인 기술 문명의 자동 작용의 극단적인 형태에 불과하며, 이것이 보여주는 인류의 실패는 현대 인류의 전반적인 실패에 대한 한 가지 변형에 불과하다.

세계 내 인간의 위치에 대한 이 세계적인 도전은 사회정치적 형태만 유일하게 다른 서구 세계에서도 당연히 일어나고 있다. 하이데거는 민주주의의 위기에 대해 명확하게 언급한다. 서구의 민주주의, 즉 전통적인 의회 민주주의 형태가 더 심오한 해결책을 제시할 수 있다는 실질적인 증거는 없다. 심지어 서구의 민주주의에서는 (우리의 민주주의에 비해) 삶의 진정한 목표를 위한 기회가 많을지 모르지만, 그럴수록 위기는 더 잘 가려지고 그럴수록 더 깊이 스며든다고 말할 수 있을 것이다.

전통적인 의회 민주주의 역시 기술 문명과 산업-소비 사회의 기계적 행위에 속수무책으로 끌려가고 있기 때문에 여기에 반대하지 못하는 것 같다. 사람들은 후기 전체주의 사회에서 사용하는 잔혹한 방법보다 훨씬 미묘하고 세련된 방식으로 조작된다. 그러나 엄격하지만 개념적으로 느슨하며 정치적으로 실용주의적인 대중정당들의 고정된 복합체는 전문적인 조직체에 의해 운영되어, 시민들을 모든 형태의 구체적이고 개인적인 책임에서 벗어나게 한다. 또한 이 복합체는 축적된 자본이 소비, 생산, 광고, 상업, 소비문화 등 온갖 정보의 홍수를 통해 은밀한 조작과 확장에 개입하는 데 중점을 둔다. 종종 발표되는 분석 내용에서 알 수 있듯이, 인류가 스스로를 재발견할 때 이 모든 것을 인류의 원천으로 여기기는 대단히 어려울 것이다. 1978년 6월 하버드 강연에서 솔제니친은 개인의 자유에 기반하지 않는 자유는 환영에 지나지 않으며, 따라서 전통적 민주주의는 폭력과 전체주의에 맞서지 못하는 만성적 무능함을 보인다고 설명한다. 민주주의 사회에서 사람들은 우리가 모르는 많은 개인적 자유와 안보를 누릴지 모르지만 결국 별 도움이 되지 못한다. 그도 그럴 것이 그들 역시 궁극적으로는 같은 자동 작용의 희생양이기에, 자기 정체성에 대한 우려를 변호하거나, 스스로 피상적이 되지 않도록 예방하거나, 개인적인 생존에 관한 우려를 넘어서서 자기 운명을 창조함으로써 자랑스럽고 책임감 있는 폴리스의 시민이 되는 데 제대로 기여하지 못하기 때문이다.

　더 나은 방향으로 나가기 위한 중요한 변화에 대해 우리가 갖는 모든 전망들은 사실상 매우 장기적인 관점이 필요하기 때문에, 우리는 이 같은 전통적 민주주의의 심각한 위기에 주목하지 않을 수 없다. 물론 소비에트 블록 내 여러 나라에서 민주주의 환경이 조성된다면(그럴 가능성은 점차 줄어드는 것 같지만), 앞에서 말한 황폐화된 시민의식을 회복하고, 민주적 토론을 재개하며, 기본적인 정치적 다원성, 즉 삶의 목적에 대한 본질적인 표출을 확고히 하는 데 도움이 될 과도기적 해결 방법으로 적절할 수도 있겠다. 그러나 전통적 의회 민주주의 개념을 정치적 이상으로 고수하면서, 이 검증되고 진실한 형태만이 인간에게 존엄과 사회에서의 독립적인 역할을 보장하리라는 환상에 굴복하는 것은 매우 근시안적인 것 같다.

　나는 정치가 실제 인간에게 다시금 주목하는 것이 서구 민주주의(혹은 이렇게 말해도 괜찮다면, 부르주아 민주주의)의 일상적 메커니즘으로 돌아가는 것보다 훨씬 심오한 현상이라고 생각한다. 1968년에 나는 집권당과 공개적으로 권력을 다툴 야당을 만들면 우리의 문제가 해결될 수 있을 거라고 생각했다. 그러나 이것은 그렇게 간단한 문제가 아니며, 어떠한 새로운 선거법도 그 자체로는 저절로 새로운 형태의 폭력에 대항하여 사회를 교정할 수 없는 것처럼 어떠한 야당도 그 자체로는 저절로 그렇게 할 수 없다는 사실을 오래전에 깨달았다. 어떠한 "건조한" 조직의 조치도 그 자체로는 그것을 보장할 수 없으며, 그런 조치 안에서 우리를 구할 유일한 존재인 신을 발견하기란 여간 어려운 일이 아닐 것이다.

XXI

지금쯤은 이런 질문을 받아도 괜찮을 것 같다. 그럼 이제 어떻게 해야 하는가?

나는 우리를 구원하기 위한 대안적 정치 모델과, 체제의 개혁 내지 변화 능력에 회의적인 태도를 갖고 있지만, 그렇다고 해서 정치적 사고 자체에 완전히 회의적이라는 의미는 결코 아니다. 또한 내가 실제 인간에 관심을 기울이는 것이 중요하다고 강조한다고 해서, 거기에서 비롯한 구조적 결과를 검토할 자격이 박탈되는 것도 아니다. 오히려 내가 A에 대해 말했다면, B에 대해서도 말할 수 있어야 한다. 그럼에도 불구하고 아주 일반적인 것만 몇 가지 말하겠다.

무엇보다 먼저, 모든 실존주의적 혁명은 사회를 도덕적으로 재편성할 수 있다는 희망을 제공해야 한다. 이것은 어떠한 정치적 질서도 대체할 수 없는, 이른바 "인간적 질서"와 인간과의 관계를 근본적으로 다시 확립하는 것을 의미한다. 존재에 대한 새로운 경험, 다시금 우주에 뿌리박혀 있다는 감각, 더 큰 책임감에 대한 새로운 이해, 다른 사람과 다른 인간 공동체와의 새롭게 발견된 관계 등의 요소들은 우리가 가야 할 방향을 분명하게 가리킨다.

그렇다면 정치적 결과들은 어떨까? 아마도 이 결과들은 정치적 관계와 보장에 대한 특정한 형식화보다는 이 새로운 정신, 인간적 요인들로부터 비롯하게 될 [정치] 구조의 성격에서 드러날 것이다. 다시 말해, 이것은 신뢰, 솔직함, 책임, 연대, 사랑과 같은 가치관의 복원에 관한 문제이다. 나는 권력 수행의 기술적 측면을 목표로 하는 구조가 아니라, 구조 내에서 권력 수행의 의의를 목표로 하는 구조를 믿는다. 이때 구조는 흔히들 공유하는 외부로 향하는 팽창주의적 야망에 의해서가 아니라, 특정한 공동체의 중요성에 대해 일반적으로 공유하는 감정에 의해 하나로 단결된다. 개방적이고 역동적이며 소박한 구조들이 있을 수 있고 또 있어야 한다. 어느 지점을 넘어서면 개인적 신뢰와 개인적 책임 같은 인간적 유대관계는 효과가 없기 때문이다. 또한 원칙적으로 다른 구조들이 발생하는 것에 제한을 두지 않는 구조들이 있어야 한다. 어떤 식으로든 권력이 축적되면(자동 작용의 특징 중 하나다) 그러한 발생에 적대적으로 되기 마련이다. 이런 구조는 조직이나 기관 같은 게 아니라 공동체와 유사한 구조일 것이다. 이런 구조의 권위는 대중 정당처럼 오래되고 공허한 전통을 기반으로 하는 것이 결코 아니라, 오히려 구체적으로 말해 공동체들이 기존의 환경 안에 편입하는 방식에 기반을 둔다. 공적 조직들의 전략적 집합

체보다는, 즉석에서 만들어져 특정한 목적을 위해 열정을 불어넣다가 목적이 성취되면 사라지는 조직을 갖는 것이 더 좋다. 지도자의 권위는 그들의 인격에서 비롯하며 특정한 환경에서 개인적으로 검증되어야 하지, 특권 계급 내의 지위에서 비롯해서는 안 된다. 지도자는 개인적으로 강한 신임과 그 신임에 근거한 훨씬 강한 입법권을 얻어야 한다. 이것은 주로 상호 신뢰보다는 불신에, 책임보다는 집단의 무책임에 더 기반을 둔 전통적 민주주의 조직들의 전형적인 무능을 타파할 유일한 방법일 것이다. 또한 이것은 전체주의가 서서히 확립되지 못하도록 대비하는 영구적인 방책으로, 공동체 구성원 모두가 온 존재를 걸고 지지할 때 비로소 가능하다. 이러한 구조는 사회의 진정한 자기조직화self-organization의 결과로, 마땅히 아래에서부터 일어나야 한다. 이러한 구조는 진정한 필요가 생길 때 그 필요를 중심으로 활발한 대화를 통해 활력을 얻고, 역시나 이 필요가 해결되면 사라져야 한다. 내부 조직의 원칙은 매우 다양해야 하고 최소한의 외적 규제만 지녀야 한다. 이 같은 자기 구성self-constitution의 결정적 기준은 단순히 관념적인 규범이 아니라, 실질적인 의미를 지닌 구조여야 한다.

　정치경제적 생활 모두가 이처럼 역동적으로 생겼다가 사라지는 조직들의 다양하고 다목적적인 협동을 기반으로 해야 한다. 사회의 경제생활에 관한 한, 나는 자기 경영self-management의 원칙을 믿는다. 모든 사회주의 이론가들이 꿈꾸어온 이 원칙은 아마도 우리가 성취할 수 있는 유일한 방법으로, 노동자들이 경제적 결정에 자발적으로(즉 비공식적으로) 참여함으로써 자신들의 협동 작업에 진정으로 책임감을 느끼게 한다. 통제와 규율의 원칙들은 자기 통제와 자기 훈련을 위해 폐기되어야 한다.

아주 대략적인 개요를 통해서도 분명하게 알 수 있듯이, 이런 유형의 실존주의적 혁명이 체제 전체에 미치는 중요성은 고전적인 의회 민주주의 틀을 크게 넘어선다. 이 논의의 목적을 위해 "후기 전체주의"라는 용어를 도입했다면, 이제는 "후기 민주주의" 체제에 대한 전망으로 내가 지금 막 정리한 개념에 대해 언급해야 할 것 같다.

이 개념을 더 발전시킬 수도 있지만, 아무래도 그건 어리석은 시도일 것이다. 모든 아이디어는 느리지만 확실하게 그 아이디어 자체와 멀어지고 분리될 테니 말이다. 결국 그러한 "후기 민주주의"의 본질은 실제 행동을 통해서만 삶으로부터, 새로운 분위기와 새로운 정신으로부터 직접 파생되는 과정으로서만 성장한다. (물론 이때 정치적 사고는 지도자까지는 아니어도 하다못해 안내자 역할이라도 할 것이다.) 그러나 새로운 정신이 실제로 존재하지 않고 구체적인 외형적 특징도 모르는 상태에서, 이 정신이 구조적으로 어떻게 표출될지 예상한다는 건 주제 넘는 일이 될 것이다.

XXII

어떤 반복되는 느낌이 들지 않았다면, 아마도 개인적인 사색의 주제로 더 적합할 수 있는 앞 장을 통째로 삭제했을 것이다. 그 느낌을 기술하는 것은 다소 주제넘게 보일 수 있으므로 다음과 같은 질문으로 대신하겠다. 주변 상황을 통해 익히 알고 있듯이, 이런 식의 "후기 민주주의" 구조는 여러 가지 면에서 "반체제" 집단 중 하나, 혹은 독립적이고 자주적인 시민참여 집단 중 일부를 연상시키지 않는가? 수많은 시련을 함께하면서 결속된 이런 작은 공동체들은 우리가 지금까지 이야기해온 인간적으로 의미 있는 특별한 정치적 관계와 유대를 맺지 않을까? 이런 공동체들(조직 이상의 의미를 지닌 공동체들)은 공적 조직들이 공유하는 형식적이고 의례적인 연대가 결속과 동지애라는 살아있는 감각으로 대체되는 식의 분위기와 결합된 직접적이고 외적인 성공을 거둘 기회가 없는 만큼, 주로 자신들이 하고 있는 일이 대단히 의미 있다는 공통된 신념에 의해 주로 동기 부여되지 않을까? 이러한 직접적이고 개인적인 신뢰로 다져진 "후기 민주주의"식 관계와 이것을 바탕으로 한 개인의 비공식적 권리는 모두가 함께 겪은 공통의 어려움이라는 배경에서 나오지 않을까? 이 집단들은 공허한 전통이 주는 안정감에 구애받지 않으며, 구체적이고 진정한 필요의 압력에 의해 생겨나고, 살다가, 사라지지 않을까? 진리 안에서의 삶이라는 명확한 형태를 창조하고, 냉담한 사회에서 다시금 더욱 무거운 책임감을 느끼려는 그들의 시도는 사실상 가장 기초적인 도덕을 복원하려는 노력의 징후가 아닐까?

다시 말해, "병행 폴리스"를 구성하는, 정보에 밝고 관료적이지 않으며 역동적이고 개방적인 이들 공동체는 더 의미 있는 "후기 민주주의" 정치 구조의 가장 기초적인 원형이며 상징적 모델로서 더 나은 사회의 토대가 될 수 있지 않을까?

나는 무수한 개인적인 경험을 통해, 77헌장에 서명했다는 단순한 상황만으로 어떻게 곧장 더 깊고 더 개방적인 관계를 맺게 되었는지, 전에는 거의 모르던 사람들이 순식간에 강력하고 진정한 공동체 의식을 형성하게 되었는지 알고 있다. 냉담한 공적 조직에서 장기간 일해온 사람들 사이에서는 이런 종류의 일이 일어나지 않으며 설사 일어난다 해도 아주 드물 것이다. 공통의 과제와 공통의 경험을 인식하고 수용하는 것만으로도 다른 곳에서는 좀처럼 찾아볼 수 없는 보다 인간적인 차원을 공공의 일에 부여한 것처럼, 그것을 인식하고 수용하는 것만으로도 사람과 사람들의 삶의 풍토를 변화시키기에 충분했던 것 같다.

어쩌면 이 모든 것은 공동의 위협에 대한 결과에 불과할지도 모른다. 어쩌면 이 위협이 끝나거나 줄어드는 순간, 그것의 도움으로 조성된 분위기도 같이 소멸하기 시작할 것이다. (그러나 우리를 위협하는 이들의 목적은 이와 정반대다. 위협받는 공동체 내의 모든 인간관계를 오염시키기 위해 온갖 비열한 방식을 동원하는 그들의 열정에 우리는 거듭해서 충격을 받지 않을 수 없다.)

하지만 그렇다 하더라도 내가 제기한 질문에서 달라지는 것은 아무것도 없을 것이다.

우리가 행하는 사소한 행위를 근본적인 해결책으로 여긴다면, 우리 자신과 우리의 공동체 그리고 중대한 문제에 대한 우리의 해결책을 유일한 가치로 제시한다면, 우리는 쇠약한 세계로부터 벗어나는 방법을 알지 못한 채 용서할 수 없는 오만함을 드러내게 될 것이다.

그렇지만 그렇다 하더라도, 후기 전체주의 상황에 대해 지금까지 이야기한 모든 생각을 고려하고, 그러한 상황에서 인간과 인간의 정체성을 옹호하기 위한 노력들의 현황과 내적인 성격 등을 고려할 때, 내가 제기한 질문들은 적절하다고 생각한다. 최소한 그 질문들은 우리 자신의 경험을 구체적으로 반영하도록 요구할 뿐 아니라, 특정한 경험들이 우리가 전혀 알지 못하는 사이에 분명한 한계를 뛰어넘어 더 멀리 어딘가를 가리키지는 않는지, 특정한 도전들이 바로 여기 우리의 일상

생활에서 아직 드러나지 않은 채 읽히고 파악될 순간을 조용히 기다리지는 않는지 생각하도록 요구한다.

정말 묻고 싶은 질문은, 더 밝은 미래는 정말로 늘 그렇게 요원한가 하는 것이기 때문이다. 오히려 더 밝은 미래가 이미 오래전에 이 자리에 도래한 것은 아닐까? 우리 주변과 내부에 이미 존재하고 있는 그것을 볼 수 없게 만들고 성장하지 못하게 만드는 것은 다름 아닌 우리 자신의 무지와 나약함이 아닐까?

저항 지성의 사람,
하벨이 외친 '진리 안에서의 삶'

박영신(연세대학교 사회학과 명예교수)

꼭 30년 전이다. 1989년 가을이 다 갈 무렵이었다. 소련의 위성국 체코슬로바키아에서 아무도 예상하지 못한 혁명이 일어났다. 체제에 길들여진 인민이 체제를 뒤엎어버린 것이다. 이른바 '벨벳 혁명'이다.

나치의 강점에 저항하다 희생된 의대생 오플레탈 50주기를 맞아 그를 추모하는 집회가 열렸다. 의학연구소 바깥에 1만 5,000명이나 되는 학생들이 모여들었다. 공산당청년연맹의 대학지부가 당국의 허가를 받아 연 평화로운 집회였다. 하지만 여기서 끝나지 않았다. 집회가 마무리된 다음 학생들은 프라하 광장으로 행진하자고 했다. 당국은 이들의 요구를 받아들이지 않았다. 이에 학생들은 방향을 바꾸어 체코 시인 카렐 마하가 묻힌 묘지 쪽으로 갔다. 학생들은 당국과 협의하여 여느 때와 마찬가지로 촛불을 들고 화환도 바치고 애국가도 부르도록 했고, 그런 다음 집회를 마치도록 했다. 바로 이 지점에서 당국의 허용 범위를 넘어서고 말았다. 학생들이 광장 쪽으로 행진하기 시작했다. 이내 헬멧을 쓴 경찰들이 해산 작전에 투입되었다. 거리는 삽시간에 아수라장이 되었다.

놀라운 일이 벌어졌다. 경찰의 진압이 무색해졌다. 인민들이 학생 행렬에 동참하였다. 참았던 인민의 분노가 걷잡을 수 없이 터져 나왔다. 비장한 목소리로 애국가를 불렀고 "우리 승리하리라!"라는 저항 운동 노래도 불렀다. 제2차 세계대전 이후 40년 넘게 지배해온 공산당의 일당 독재 체제를 무너뜨린 벨벳 혁명의 서곡이었다. 마침내 이 혁명 한 가운데로 체코의 반체제 극작가 하벨(1936~2011)이 들어섰다. 그리고 공산주의 독재 체제를 떨쳐내는 '부드러운' 혁명의 맨 앞에 섰다. 폴란드가 10년 동안 모질게 싸워 쟁취했고 헝가리가 10개월 동안 싸워 달성했다고 하는 공산주의 독재 체제의 종식을 체코슬로바키아는 단 10일 만에 성취하였다.

내가 그의 글을 읽고 그의 생각을 만나게 된 것은 실로 행운 가운데 행운이다. 공부의 관심이 사회가 바뀌는 변동 현상과 이와 떼어놓을 수 없는 사회 운동에 있었던 탓에, 내가 가르치던 대학에 '동유럽 연구단'이 만들어졌을 때 — 아마도 우리나라에서 처음일 것이다 — 공동연구자로 참여하게 되었다. 지난 70년대 후반이었다. 서유럽 중심의 지식에 가려진 동유럽의 역사와 문화에 가까이 다가갈 수 있는 드문 기회였다. 폴란드, 헝가리, 체코슬로바키아, 유고슬라비아가 두루두루 뜯어보게 된 나의 관심 지역이었다. 이후 나는 폴란드와 헝가리의 탈공산화 개혁 운동을 견주어본 책도 펴냈다. 그 어느 때였다. 체코의 반체제 지성인 하벨이 쓴 글을 만났다. 감동을 주는 글이 한둘이 아니었다. 그의 생각에 이끌렸다. 한참 지난 다음 나는 하벨의 생각을 다룬 책을 쓰기까지 했다. 이 일에 사로잡혀 참된 뜻에서 즐거움을 누렸던 그때를 지금도 생생하게 떠올릴 수 있다.

하벨은 줄기찬 저항의 사람이었다. 벌써부터 당국의 말에 고분고분하지 않은 작가였다. 1968년 '프라하의 봄' 이후 그는 반체제 인사로 지목되어 금서목록에 자신의 이름을 올린 요시찰 인물이 되었다. 경직된 문화의 획일화 분위기를 견디지 못한 재야인사들이 드디어 운동 조직을 만들었다. 1977년 초였다. 이들은 '77헌장'이라고 이름 붙였다. 하벨은 이 조직의 공동 대변인 역할을 맡았다. 이 헌장에 참여한 인사들은 사회 개혁을 주장한 것도 정권에 반기를 든 것도 아니었다. '인권 침해' 사태가 일어나면 함께 목소리를 내어 공동으로 대처하겠다는 것뿐이었다. 그럼에도 당국은 과민하게 반응하였다.

극작가이되 공연의 기회를 얻지 못한 하벨은 특유의 투시력을 구사한 수많은 정치 논설문을 써냈다. '77헌장'이 만들어진 다음에 쓴《힘없는 자들의 힘》이 가장 잘 알려진 글이다.

이 글은 1978년에 쓴 것이다. 소련 위성국의 처지에 놓여 있던, 이웃 나라 폴란드와 체코슬로바키아 반체제 인사들이 자유의 본질 문제에 대해 쓴 글을 모아 책으로 낼 양으로 참여자들의 논의 준거와 발판이 될 글로 준비되었다. 하지만 검거 선풍이 불어 체코슬로바키아 쪽 반체제 인사들의 글만이라도 모아 급히 지하출판물로 박아내도록 했다. 머리글로서는 제법 길지만《힘없는 자들의 힘》은 이 모음집의 머리글처럼 앞에 실렸다.

하벨은 이 글에서 통례의 권력 개념을 재구성하지 않는다. 그는 권력 관계에 순응하여 힘 있는 자들에게 무릎 꿇는 삶의 문제를 논의 대상으로 끌어올린다. 국가가 생산수단의 집중화를 통하여 절대 권력을 휘두르고 원칙과 방식을 획일화시켜 블록을 형성한 소비에트 특유의 독재 체제를 그는 '후기 전체주의'라고 부른다. 이 후기 전체주의라는 무대 위에 야채상의 관리자를 등장시켜 그가 사는 모습을 날카롭게 꿰뚫어본다. 그는 강요된 삶에 어떤 혐오감도 느끼지 못한 채 체제의 구령에 맞춰 묵묵히 줄지어 행진하면서 체제 넘어 어떤 높은 가치에 대한 책임 의식을 저버리고 꾸역꾸역 살아간다. 이것은 '거짓된 삶'이다. 참다운 '자기'에 대한 거짓이고 '양심'에 대한 거짓이다. 그렇게 사는 것이 먹고사는 생존의 걸림돌을 피해가는 안전하고 편한 길이라고 하더라도 그것은 '거짓'이다.

'거짓된 삶'에 맞서는 삶이 있다. '진리 안에서의 삶'이다. 강요된 삶에 혐오감을 느낀 나머지 일상의 관행이 된 '거짓된 삶'을 거부하고야 마는 책임 행위, 이것이 '진리 안에서의 삶'이다. 이 삶은 참다운 '자기'를 되찾는 행위이고 초월에 잇대어 있는 '양심'의 소리에 민감하게 반응한다. 진리를 짓밟는 체제에 순응하는 대신에 차라리 이 체제에 저항한다. 그러므로 저항은 도덕 행위이다. 이 행위는 순탄한 길을 약속하지 않는다. 희생을 요구하고 희생을 감당할 용기와 모험을 요구한다. '진리 안에서' 살고자 하는 자는 비속한 삶이 주는 득실거리는 유혹에도 휩쓸려 들지 않는다. 그 길이 넓지 않고 좁지만 거짓의 길이 아니라 진리의 길이라는 것을 알기에 좁은 진리의 길을 버리거나 진리의 길에서 벗어나지 않는다.

하벨이 쓴 이 글을 더 풀이할 필요는 없다. 추상의 세계를 어렵게 논하는 애매모호한 글들과는 달리, 그의 글은 삶의 실체를 밝혀 자신을 살피게 한다. 한 가지 덧붙인다. 그가 말하는 힘의 문제는 명령과 지시를 내리는 상부에 있는 것이 아니라 상부에 맞춰 매끄럽게 사는 인간의 비굴함에 있다. 그러므로 엄밀히 말하면 이 글은 동유럽 공산국가의 인민만을 겨냥하지 않는다. 소비에트 체제이든 아니든 후기 전체주의의 속성을 지닌 곳이라면 그 어디서나 자신을 향하여 '진리 안에서' 살고 있는지 묻고 또 물어야 한다고 말한다.

진리에 대한 하벨의 생각은 우연의 결과물이 아니다. 그의 생각은 작은 나라 체코의 위대한 전통에 이어져 있다. 마르틴 루터가 종교개혁을 일으킨 것보다 한 백 년이나 앞서 절대무오를 주장한 가톨릭교회의 거짓에 질문을 던지며 도전하고 '성직자'의 타락을 비판했다고 해서 파문당하고 마침내 화형에 처해진 얀 후스의 조형물이, 프라하 옛 시가지에 자리하고 있다. 거기에 적혀 있는 대로 하벨은 "진리를 사랑하라"고 한 후스의 진리 의식을 이어받아 이를 표상한 진리 전통의 후예일 따름이다. 진리는 인간의 현실 지평을 넘어서는 더욱 높은 초월의 빛을 받아 인간의 안과 밖을 분주히 들락거리는 '거짓'에 항거하기를 요구한다. 하벨은 이 진리 전통에 자신을 잇대어 오늘날의 삶을 뒤덮고 있는 거짓된 삶에 맞서 싸운 진리의 저항자로 살았고 증언자로 살았다.

그가 벨벳 혁명의 앞에 설 수 있었던 것은 진리에 대한 남다른 감수성 때문이었다. 일상이 된 당국의 감시와 심문에도 불구하고, 숙명이 된 구금과 투옥에도 불구하고 그는 권력 앞에 주춤거리거나 엎드리지 않았다. 진리에 대한 그의 헌신을 꺾을 장사는 아무도 없었다. 인민은 이 품위를 보았다. 그리하여 그 자신 '앉고 싶지 않았던' 대통령 자리에 앉도록 인민은 그를 밀어붙였다. 하벨은 탈공산화 이후의 체코슬로바키아 첫 대통령이었고, 슬로바키아와 '벨벳 이혼'을 한 다음에는 체코의 첫 대통령이었다. 그는 20세기의 철인 정치가이자 철인 대통령이고 '철인 왕'이라는 명성도 얻었다.

그가 쓴 글은 무딘 인간에게도 깊은 공명을 자아내는 고전의 자리에 올라서 있다. 《힘없는 자들의 힘》이 그 본보기이다.

힘없는 자들의 힘

초판 1쇄 발행 | 2019년 11월 17일

지은이 | 바츨라프 하벨
옮긴이 | 이원석 · 서민아
펴낸이 | 이은성
펴낸곳 | 필로소픽
편 집 | 김무영 · 백수연
디자인 | 백지선

주 소 | 서울시 동작구 상도동 206 가동 1층
전 화 | (02) 883 - 9774
팩 스 | (02) 883 - 3496
이메일 | philosophik@hanmail.net
등록번호 | 제 379 - 2006 - 000010호

ISBN 979-11-5783-166-1 93300

필로소픽은 푸른커뮤니케이션의 출판브랜드입니다.

이 도서의 국립중앙도서관 출판시도서목록(CIP)은 서지정보유통지원시스템 홈페이지(seoji.nl.go.kr)와
국가자료공동목록시스템(www.nl.go.kr/kolisnet)에서 이용하실 수 있습니다. (CIP제어번호: CIP2019041468)